引爆能量 业绩倍增

50个最实用的顶级销售秘诀

◎编著

中国经济出版社
CHINA ECONOMIC PUBLISHING HOUSE
·北京·

图书在版编目（CIP）数据

引爆能量，业绩倍增：50个最实用的顶级销售秘诀/彭博编著.
北京：中国经济出版社，2013.10（2024.1重印）
ISBN 978－7－5136－2660－6

Ⅰ.引… Ⅱ.①彭… Ⅲ.①企业经营管理—研究　Ⅳ.①F270

中国版本图书馆CIP数据核字（2013）第154195号

责任编辑　贾轶杰
责任审读　霍宏涛
责任印制　张江虹
封面设计　任燕飞

出版发行　中国经济出版社
印 刷 者　三河市同力彩印有限公司
经 销 者　各地新华书店
开　　本　710mm×1000mm　1/16
印　　张　12
字　　数　180千字
版　　次　2013年10月第1版
印　　次　2024年1月第2次
书　　号　ISBN 978－7－5136－2660－6
定　　价　45.00元
广告经营许可证　京西工商广字第8179号

中国经济出版社　**网址** www.economyph.com **社址** 北京市东城区安定门外大街58号 **邮编** 100011
本版图书如存在印装质量问题，请与本社销售中心联系调换（联系电话：010－57512564）

作者(左)与会销行业创始人金锐(右)合影

作者(左)与陈安之老师(右)合影

我梦想有一天，彭博汇成为百年老店，所有的客户都是我们最亲密的朋友！在发展中分享快乐、共享健康！

我梦想有一天，彭博汇成为行业典范、行业标杆，我们充满激情、坚守诚信的伙伴们，都开着宝马、奔驰来上班，用我们敬业和不断追求创新的精神，实现我们和客户共同的理想。

我梦想有一天，彭博汇的股票成为长期价值投资的明星！而我们每位伙伴都有原始股！微笑挂在每一个人的脸上！

我梦想有一天，待我们渐渐老去，我们的孩子拉着我们的手说："我要努力学习，考上哈佛，然后去彭博汇工作！"

我有一个梦想，一个终身奋斗的梦想！

有了这个梦想！我们就能一同收获胜利的果实！一同抵抗低谷的阴霾！

有了这个梦想！我们就能一同争吵、一同分享，一同坚持，一同创造！

有了这个梦想！我们就能彼此信任！相互扶持，共同成长！

我有一个梦想，一个终将实现的梦想。

谨以此书献给那些曾经帮助、支持过我的人！

前言

Preface

大家好!

我是彭博老师，卓越团队训练专家、顶尖销售实战训练师、最实战的会销培训导师、会销讲师培训第一人、中国会销说服力讲师训练营创始人、中国会销101网创始人。看到这么多头衔，你肯定会觉得我很有成就，我的事业很成功。不错，就目前来说，在事业上我的确取得了一些成就，自认为人生还比较成功。

可是你并不知道，我从小说话就口吃，被很多人看不起，他们认为我肯定没有前途。因为经济条件一般及他人对我的异样眼光，我中专没有毕业就提前就业，在北京做保安、送货员、推销员等工作。虽然出身卑微，工作不起眼，但是我对自己没有放弃。我通过努力，自学获得北京对外贸易大学的证书，然后一步步走向了成功。

以前我从来没有写过书，2011年我对大家承诺，一定要在9月写一本励志书并出版，结果在那一年的6月就已经出版，并荣登中国最大的书店——北京西单图书大厦畅销排行榜第一名!

我没有背景、没有高学历、没有足够的资金，凭着对事业的追求和使命感，带着一颗爱心和感恩之心，一路坚持了下来，因为我有伟大的梦想，我相信我一定能够取得成功。本书集结了我大半生心血，都是我个人成长体验及工作经验的提炼。曾经，我通过努力学习获得了今天的成就，既然您翻开了这本书，那么说明您也是一个爱学习之人，是一个积极向上希望自己变得强大之人，相信您和我一样，通过学习积累，一定会引爆自身能量，让业绩倍增。为此，我向您保证，这本书的内容一定不会让您失望，一定会让您看到一个更好的自己。

我曾经经常问自己以下一些问题，不知道您是否也这样问过自己。

面对昨天的种种不悦，你受够了吗?

面对无法大幅增加的收入，你受够了吗？

面对永远不够用的薪酬，你受够了吗？

面对负债的痛苦，你受够了吗？

面对无法随心所欲购买的商品，你受够了吗？

面对不得不屈就的不喜欢的工作，你受够了吗？

面对没有动力、总是提不起精神来的生活，你受够了吗？

面对不知何去何从、没有明确的人生方向，你受够了吗？

面对房奴、车奴、孩奴、卡奴的“奴隶”身份，你受够了吗？

面对无法实现的出国旅游的梦想，你受够了吗？

面对因为学历不高就以为自己无法成功的自卑念头，你受够了吗？

面对被别人嘲笑、轻视的感觉，你受够了吗？

面对因为自己条件不够好、不敢勇于追求梦想的懦弱，你受够了吗？

首先，以上的种种是否大部分在你的生活中存在，并且时间已经很久？如果是，那么说明你确实生活在“水深火热”之中。那么，面对这些问题，你现在有必要问问自己：你受够了吗？

相信你的答案是肯定的，你绝对受够了，因为每个人都希望过上幸福的生活，让自己远离痛苦。既然如此，那么请相信我，通过这本书，你一定能够找到解决自己心中问题的方法，找到成功的方向。

其次，写本书的原因主要有以下两个：

第一，和大家分享我多年来的销售经验与方法。一直以来，任何一个企业的成长都离不开销售，销售也是一个企业中最为重要的环节。因为只有优秀的销售业绩，才能为企业带来利益，推动企业的发展；才能为员工带来福利，为销售员带来不俗的回报。因此，对销售工作的学习与研究，我从来都没有停止过，其间积累了一些较为成功的方法与技巧，现与大家分享，共同进步，一起成长。

此外，我非常感谢销售工作，是它改变了我的生活，让我从一个小小的保安变成从事全世界最光荣的职业的人。当然，这个变化是要付出代价的，如一首歌中所唱：“没有人能随随便便成功。”成功让我懂得了什么该舍什么该得，在销售中什么样的沟通方式会让不同的客户更容易接受，什么样的谈判方式更容易成交等。现将我的心得与大家分享，目的就是希望大家少走弯路，更容易取得业绩，获得成功。

第二，在我讲课的过程中，有很多学员都劝我将讲课的内容整理成册，然后与他们一起分享。因为我讲的每一节课只能涉及一个方面，否则课程的质量就会降低，所以我无法将我学习到的、认识到的所有知识传授给每一个学员。学员希望能够系统全面地了解学习，因此，他们劝我写书出版的愿望我非常理解，也答应过他们一定会做到。只是因为工作忙，一直都没有时间操作。一直备感遗憾，总觉得亏欠学员些什么。

而今，我的承诺就要兑现了。我相信，这本书一定不会让广大学员及读者失望，一定会让他们在书中找到他们所需要的答案。

目 录

CONTENTS

上篇：引爆能量

第一章　点燃热情——没有比热情更强大的武器了/　3

对于销售员来说，没有热情，或者只有暂时的一点点热情是不可能成功的。换言之，销售员必须在自己的职业生涯中始终保持热情。要知道，最优秀的销售员不是技能特别出众的销售“天才”，而是能将如火的热情保持始终的人。

1. 热情在销售中起到95%的作用/　3
2. 用热情唤醒心中的巨人/　6
3. 带上热情，你会遇见好运/　9
4. 热情的人不怕打击、失败/　12
5. 热情，从假装开始/　15
6. 认识自己的价值/　18
7. 修炼神秘的耐心/　21
8. 3分钟热情不足以成大事/　24

测一测　看看你的工作热情指数有多高？/　27

第二章　追逐目标——在奔跑中变得更强/　30

为了能够取得更好的业绩，我们每年、每季度、每月甚至每周、每天都会制定一些目标。那么，这些目标仅仅是用来完成的吗？什么样的目标才能激发你心中潜在的能量？如何制定目标才能让你变得更强？

1. 目标是用来追的/　30

2. 拿出“不达目的不罢休”的气势/ 33
3. 唯有不可思议的目标，才能有不可思议的未来/ 36
4. 让目标每天“壮大”一点点/ 40
5. 正确的定位激发心中力量/ 43
6. 制定目标成长“路线图”/ 46
7. 相信你能，你就无所不能/ 49
答一答　现在起，跟着目标一起成长/ 52

第三章　激发欲望——做自己的“造梦师”/ 53

在当今社会，大多数人都是在平庸中度过的，他们每天勤勤恳恳，上班从不迟到早退，一年到头也很少请假，和上级、同事的关系非常和睦，但他们只是扮演着无足轻重的角色。他们缺少的到底是什么？成功者有没有相同的秘诀？小人物注定不能有大梦想吗？

1. 成功者心里都住着一个“野心”/ 53
2. 吸引力法则：欲望对成功产生的强大吸引力/ 56
3. 欲——人体中最大的能量发源地/ 59
4. 小虾米一定要有鲨鱼梦/ 63
5. 欲望，不单是“钱欲”/ 66
6. 挑起竞争的欲望/ 69
测一测　走进欲望工厂，发现不一样的自己/ 72

第四章　坚持专注——坚持一秒，再坚持一秒/ 75

销售是一项回报高、风险也高的工作，我经常在业内遇到这样的人：有的刚入行一个月就不做了，转到其他领域；有的坚持了两三年，在遇到重大挫折后也选择了退出；有的坚持了很久，却始终没有长进，业绩和新来的销售人员相同。他们失败的原因究竟是什么呢？

1. 下一秒，成功便会花开叶散/ 75
2. 坚持是一种积累/ 78
3. “狼”是最懂专注的动物/ 82
4. 专注者的心里没有绝境/ 84

5. 只要不放弃，就没有失败/ 87
6. 更好的自己在未来/ 90
测一测 你的坚持指数有多高？/ 93

下篇：业绩倍增

第五章 牵线客户——大浪淘沙我淘金/ 99

很多销售员都有这样一种感受，刚进入某个行业或者被公司派到一个陌生的市场，没有客户资料、没有意向客户名单，人生地不熟，只有一种莫名的迷茫感，甚至是无助。想找客户，但又不知道从何下手，整天的碰壁仍然没有头绪。面对这种情况该怎么办呢？

1. 选对池塘钓大鱼/ 99
2. 让客户自动找到你/ 102
3. 随时随地，推销自己/ 105
4. 每个人都可能是你的潜在客户/ 107
5. 名片是最好的代言人/ 110
本章测试 看看这一章你学到了多少？/ 113

第六章 沟通有方——不卖产品，卖欲望/ 115

你是否曾经满腔热情地为客户介绍产品，而客户却无动于衷？你是否在产品物美价廉的情况下，还是无人问津？你是否在自己服务水平非常优秀的情况下，销售业绩仍然看不到上涨的希望？而出现这种问题的原因就是——客户沟通。

1. 赞美是最好的前奏曲/ 115
2. 带着强烈的责任心去沟通/ 118
3. 会听的人才会说/ 121
4. 幽默，瞬间拉近与客户之间的距离/ 124
5. 问客户是一种技术/ 127
6. 巧妙的意向客户引导/ 131
7. 成功的说服在于有差别的定位/ 134

8. 建立客户对你的信赖/ 137
本章测试　看看这一章你学到了多少？/ 140

第七章　异议处理——植入“一切问题都不是问题”的理念/ 143

在销售过程中，客户有异议是常有的事情，几乎任何一个客户都会有这样那样的异议。对于客户异议，不同的处理方法会产生不同的结果。如果销售人员能够很好地解决客户异议，不仅能推动销售进度，还能够提升销售业绩。那么，究竟怎么做才能打消客户心中的顾虑呢？

1. 价格异议：价格不再是“价格”/ 143
2. 质量异议：避重就轻打消顾虑/ 145
3. 外观异议：实用性结合从众效应/ 148
4. 品牌异议：优势补足法/ 151
5. 售后异议：举例说明让客户放心/ 153
本章测试　看看这一章你学到了多少？/ 156

第八章　成交有术——不可不知的销售秒杀术/ 158

销售的目的就是成交，可要把客户的钱放进你的口袋，确实需要一定的真功夫。经常看到那些优秀的销售员把话说出来，就可以把产品卖出去，把钱收进来。而为什么有些销售员付出了十倍、百倍的努力，却业绩平平、收入平平？现在就跟我一起学习成交的秘诀吧！

1. 读懂成交信号/ 158
2. 认清客户类型，有的放矢/ 162
3. 学会影响你的客户/ 165
4. 像相信自己一样相信自己的产品/ 168
5. 给客户一个顺势的“台阶”/ 170
6. 欲擒故纵，套定客户这个猎物/ 173
本章测试　看看这一章你学到了多少？/ 176

后记/ 177

上篇　引爆能量

第一章　点燃热情——没有比热情更强大的武器了

第二章　追逐目标——在奔跑中变得更强

第三章　激发欲望——做自己的“造梦师”

第四章　坚持专注——坚持一秒，再坚持一秒

第一章

点燃热情——没有比热情更强大的武器了

对于销售员来说，没有热情，或者只有暂时的一点点热情是不可能成功的。换言之，销售员必须在自己的职业生涯中始终保持热情。要知道，最优秀的销售员不是技能特别出众的销售“天才”，而是能将如火的热情保持始终的人。

1. 热情在销售中起到95%的作用

一个热情的人，一个平静的人，一个伤感的人，一个冷淡的人，一个僵硬的人，你会乐于与哪一个人打交道？

即便是作为销售者本身，恐怕也是乐于与第一个人打交道。

原因其实很简单：平静、冷淡容易让人产生距离感，没有让人想要亲近的欲望；热情的人周遭似乎活跃着快乐的因子，给人感染力、吸引力，让人不自觉地就想要亲近，觉得有舒适感。

某公司举办了一场特别的员工考核大会，负责审核的人员不知从哪里找来了一群小朋友，小到懵懵懂懂的3岁小孩，大到稍有认知的8、9岁孩子，然后让参加考核的员工与这些孩子们一起玩耍。

顿时，有些员工不知所措，呆立着不知道做什么好；有些则被小孩子拉着，僵硬而尴尬地左摇右晃；有些则索性放开了性情与孩子们玩了起来……

半个小时过后，负责审核的人员让这些小孩子为自己喜欢的员工送上小花。结果，那些呆立的、僵硬的员工被小朋友们敬而远之；那些与孩子们打成一片的员工，手里捧满了小花。

更为让人惊奇的是，手里捧满小花的员工平时的工作确实要比那些没有小花的员工出色得多，尤其是在销售岗位上。

最后，策划这个考核方式的经理走上台，对所有员工说："现在你们知道业绩好与坏的差距在哪里了吧？不是别人遇到的客户总是比你的好搞定，而是别人总是比你有工作热情，能够让客户愿意与之亲近。这，也是一种能力，而且对一个销售人员来说，是一项最为重要也最为基本的能力。"

问题解析

孩子是最能表达直观感觉的人。面对同样的陌生人群，他们也懂得热情的人让人感觉舒适、温暖、可信，冷漠的人则让人有排斥感、距离感。他们是对热情最好的评审者。

人与人的交往，销售者与客户之间的交往，道理上其实是共通的。就好像照镜子一般，你给别人一张冷淡的脸，别人也不会笑着对你；你给别人一张笑脸，这起码是一个好的开始，别人也会善待你。

尤其是销售这个行业，你笑着对别人，恐怕都不足以打消别人的排斥感，在简单的客套上升级，只有真正的热情才能融化客户的心。

深入解惑

营销专家认为：**但凡成功的销售案例，热情在其中起到的作用占到了95%，其他综合起来只占到了5%。**

那么，热情在销售中起到的作用具体有哪些呢？

(1) 吸引客户，取得竞争优势

这种作用更多地体现在卖场零售中。当客户对同类产品一扫而过时，产品的吸引力是一方面；另一方面，起到决定性作用的便是销售人员的吸引力了。销售人员在生活中也时常扮演消费者的角色，各种销售人员的服务姿态恐怕也见得不少，比如以下几种：

· 自顾自玩手机，头也不抬一下；

· 与旁边的工作人员聊天，忽视走过的客户；

· 平淡得像敷衍似的说一句：随便看看吧。

· 趴在柜台上偷懒，睡小觉；

· 规规矩矩站着，待客户路过，热情地说："很高兴为您服务，请问有什么需要吗？"

……

几者相比，恐怕任谁都会选择走进最后一个场景中，原因就是心理上直观地感受到来自于销售人员的热情和尊重。

(2) 打破客户的戒备心理，赢得信任

销售业绩的高低不在于你卖的是什么样的产品、什么样的品牌，而在于销售者本身。一个优秀的销售人员，不论走到哪里都是闪闪发光的，因为他们在销售工作中是以技术取胜的。

简单地说就是：让客户做出购买行为的，更多取决于销售人员的服务。

爱默生曾经说过："缺乏热情，就无法成就任何一件大事。"这句话同样适用于所有的销售行业，销售行业的性质本身也决定了它需要热情。销售需要与客户直接沟通，而沟通则需要情感投入，没有热情，便往往成不了事。

热情是一种对对方好感的主动散发，它能够快速地拉近与客户间的距离，打破客户的心理防线，帮助销售人员走近客户心理，这种亲近感更容易赢得客户的信任。这个原理在于"熟人效应"：快速建立起来的熟络关系，相比那些没能真正走近客户的同行来说，你这个"熟人"就更容易被信任。

2. 用热情唤醒心中的巨人

我最敬佩的美国著名心理学专家以及个人、事业和组织问题的协调人，公认的成功学、激励学方面顶尖的大师，也算是我的同行安东尼·罗宾斯曾经写过一本书，中文翻译过来叫《唤醒心中的巨人》，这本书对我个人的影响很大。主要原因有二：一方面他是我的老师陈安之的导师（因为对陈老师的敬佩，所以对老师的老师自然尤为敬佩）；一方面他的卓越成就，在业界释放出巨大的能量。这不得不让我把他作为我一生学习的榜样。

由于受情绪等各方面的影响，人好像一种很奇怪的动物，比如有些人本没有上班，休息了三天三夜，可是做起事来一点激情都没有，邋邋遢遢，似乎只是一个冰冷的机器；而有些人半年无休，可做起事情来激情饱满，风风火火，越战越勇，似乎总有使不完的劲。这是什么原因呢？

从科学的角度分析，这样两个人的表现似乎不符合常理，其实，这就是一个人心中的巨人是否被唤醒的结果。每个人心中都有一个巨人，这个巨人一旦醒来会带着你一路进发，所向披靡，什么困难险阻你都会觉得只不过是浮云，感觉不到任何的惧怕。但是，如果你心中的巨人没有被唤醒，那么在做某些事情的时候，你就会觉得困难重重，犹犹豫豫，担心不已，总觉得自己的能力不足，无法克服眼前的困难。

这就是一个人心中巨人的能量，这就是前者与后者的区别。说到这里，相信每一个人都想唤醒心中的巨人，那么，我们如何才能唤醒心中的巨人呢？

我现在的头衔很多：卓越团队训练专家、顶尖销售实战训练师、最实战的会销培训导师、会销讲师培训第一人、中国会销说服力讲师训练营创始人、中国会销101网创始人……

请不要怀疑，这些头衔都是我辛辛苦苦赚来的，没有任何的虚假成分。从这些光环中，相信你已经看到我今天是多么的成功吧！但是，你可知道，我曾经有严重的口吃，说话结巴。我来自农村，刚出来的时候在一家公司当保安，随后干过冷饮批发的送货员、保健品公司的业务员等最为底层的工作，后来白手起家，创业成功后却因经营决策失误，导致负债30多万。我没有一技之长，没有任何家庭背景……

那时的我大白天一走出门觉得天都是灰暗的，太阳都是没有光芒的，什么高楼大厦、豪车美女，看见之后没有任何感觉，活像一个活死人。自卑包围我整个人，当时的我甚至想到过自杀。

幸运的是，我遇到了我的恩人，也就是我的老师陈安之。在第一次听到他的课之后，有一种东西似乎闪电般击中了我的大脑，让我明白每一个人身上都有一股强大的能量，每个人都可以成为自己想要成为的那个人。

从那以后，我奇妙地发现我变得积极了，以往的消极观念一扫而光，心中的理想目标在我脑海中越来越清晰起来。之后，我开始努力工作，朝着自己的目标不断前行，纵然遇到过很多挫折和困难，但是那些困难和挫折似乎显得非常渺小，最终总是能够轻易地克服逾越。

现在的我尽管不是万能的，但我总感觉心中有一个巨人一直给我开路，让我信心百倍，我相信我以后会更加成功。

问题解析

是什么让我的消极情绪一扫而光，变得如此积极？是什么让我觉得任何困难都不是问题？是什么让我觉得心中始终有一个巨人在为我开路？是什么让我始终相信我会更加成功？

那就是热情，热情让我得到了彻底的蜕变，热情唤醒了我心中的那个巨人，那个巨人带我从一个“保安”到现在成功的“讲师”，从“一无所有”到“事业有成”。所以，我从心底里深深地感激我身上的这种热情。

由于每个人的情商不同，有的人的热情可以通过自身的调节激发出来，加以正确的引导便会唤醒心中的巨人；而有的人需要通过某人或某事的指引才能认识到自己的热情，加以正确的引导才能唤醒心中的巨人。据

我多年的经验，很多人都属于后者，因为一个人的情商除非经过特殊训练，否则自身很难控制。当然，我也是属于后者。

深入解惑

在我讲课的过程中，经常有学生会这样问我："我觉得我的热情很高，怎么发现不了我心中的巨人呢?"

在这里，我将"心中的巨人"这个概念再解释一下。每个人心中都有一个巨人，这个巨人便是你的精神能量，不但能够引导你激情饱满，更能够让你不断激发自身的潜能。这个词目前理解起来可能有些抽象，不过只要回想一下，你在成功之后肯定有过那种自信满满、勇往直前的感觉，而你要做的便是将这种感觉永远地保持下去。也就是说，让这个巨人在你的心中永远屹立不倒。这样，你就离成功不远了。

因此，没有找到对的方法，你永远不知道你有多大潜能等待被发掘，你能做到多成功！**人的潜能是无限的，但是很多潜能如睡美人般沉睡已久，必须用魔力唤醒他。这种魔力就是热情。**具体我们需要注意以下几个方面：

（1）选择优质的朋友

在选择朋友时，一定要选择那些积极向上、可以激起你的斗志、能够不断鼓励你前进的人。结交一个这样的朋友，显然要胜过结交一个消极厌世或漠然面对一切的朋友。此外，对于那些不断鼓励你的人，你应该坚持与其保持亲密的联系，并积极地学习他们身上的热情。

此外，即使你没有主动看到优质朋友身上的优点，他们也可以潜移默化地影响你，让你在不知不觉中提升热情，唤醒心中的巨人，这便是影响力。

（2）"利用"他人对你的鼓励

"利用"通常被认为是贬义词，但在这里它是一个褒义词，是可以引导你成功的词语。很多时候，你会得到你敬仰的人对你的鼓舞；有时候，有一部分人对你表示怀疑，只有极少数人对你表示信任；有时候，有少数人能够发现你身上的闪光点。这时你需要吸收鼓励你的这些人的能量，因为他们能够激起你心中的斗志，使你在黑暗中看到希望的火种，甚至能够成为你人生的转折点，这是因为他们唤醒了你心中巨人的力量。

(3) 严格要求自己

如果你对自己过于放纵，比如生活散漫，做事拖拉等，那就是对自我的一种蹂躏。因为如果你有这些恶习，那么即使你有很多优质的朋友，即使你一直在积极主动地去吸收他们的能量，想让自己多一些热情，最后效果也不会太好，有时反而会抑制你唤醒心中的巨人。只有规范自己，严格要求自己，那些消极的东西才会慢慢消失，热情才会越来越浓，心中的巨人才会被唤醒，并且越来越强大。

3. 带上热情，你会遇见好运

做营销工作其实是一件非常有意思的事情，能够让人感受到激情，并获得成就感。在多年的销售生涯中，我深深地感受到了这一点，相信做销售的人都能够感受到这一点。在我的学员当中，有些人经常会问我类似于这样的问题："彭老师，我觉得有时候销售真的很奇怪啊！有的看似百分百稳拿的客户，最后却失败了；有些看似没有希望的客户，最后不知不觉中却成交了。这是怎么一回事呢？"

我不信上帝，不信神灵，但我相信这就是运气。很多人觉得运气和上帝、神灵是有关系的，其实不然，两者之间绝对没有必然的联系。看似百分百稳拿的客户失败了，看似没有把握的客户成功了，也许这其中的原因有很多，比如与客户的沟通、产品对客户的影响、关键人物对客户的影响等，但是，最主要的原因还是销售人员的热情。

因为热情，看似没有希望的客户被你打动了，最后成交，所以给你带来了好运；因为没有热情，看似百分百稳拿的客户对你失去了信心，最后离你而去，所以你失去了好运。有时候世界真的很奇妙，在做某事的时候，虽然看似不可能，但是只要你付出百分百的努力去做，最后一样能够成功。我想，这便是热情给人带来的好运吧。

有一年，陈安之老师在上海举办了一场培训。他的培训我是一定要去学习的，可是这次学习的机会与我的活动行程稍微有点冲突，时间安排上非常紧凑。为了去上海学习，我觉得再大的困难也会克服，一定能够如期参加陈安之老师的课程的。

那天我从湖北黄石阳新县做完公益活动后，马不停蹄地赶到湖南讲完了“三通系统疗法课程”，此时已经到了晚上，并且下起了鹅毛般的大雪。我顾不了那么多，冒着大雪急忙赶往桃花源机场飞往上海，因为此时不走，就可能会错过这次学习的机会。

当我赶到机场后，听到了一个不幸的消息，我坐的那个航班由于雨雪天气而晚点了，具体起飞时间待定。随后，我只能待在候机室盼望机场工作人员的通知。坐在机场椅子上，我心里默默告诉自己，今天一定可以抵达上海，想象着培训现场老师的激情四溢，纵有他人弃而走，而我不为所动，反复确认航班信息。

最终，机场工作人员告诉我们飞机可以起飞了。我低头看了看表，算算时间，还能够赶上老师的课程。真是太好了！我庆幸自己的好运，真是印证了那句话“一切皆有可能”，不过前面应该再加一句“只要你带上热情”。

问题解析

我不得不相信，热情真的能够给一个人带来好运。它就像是一个人的气场一样，虽然看不见摸不着，但是的确能够散发出一种能量。

有这样一种现象是最容易理解的，每个人身边总不乏一些积极向上、热情饱满、对任何事情都能够乐观微笑的人。和这类人在一起，你总能够感受到一种愉悦。如果你的心情不好，他能够让你的心情变得豁然开朗；如果你不善于微笑，他能够让你在不经意间露出甜美的微笑，这时的你会觉得世界原来是如此的美好。

因为此时的你感受到了阳光，所以你的心态会更加积极，在做任何事情的时候你能看到正能量的一面，而且用一种积极的心态去努力。这时的你就进入了一种正能量循环，即使看似不可能的事情也会变得容易，因此，你会觉得自己运气非常好。现在想想开篇所讲的那些销售人员心中的疑惑：为什么百分百有把握的客户最后会失败？为什么看似不可能的客户最后会成交？这就是原因所在。

深入解惑

我的老师曾经讲给我这样一个故事：在20世纪，当时的无线广播事业还不是很发达，有一个年轻人是当地一个不出名的歌手，工作不稳定，正处于事业发展中。有一天，他在路边闲逛，看见有人在悬挂标语，标语上是四个字母。他很好奇，就走上前去询问悬挂标语的工人。工人说这是某家广播电台的代码。

当时的他对广播电台一无所知，但是他觉得广播电台应该需要歌手。于是，第二天他来到这家广播电台找到经理进行询问。经理连忙摇头说："我们不需要歌手。"但是，他并没有灰心丧气，向经理问了很多问题，了解了广播电台运行的机制。经理见此人对广播很感兴趣，善意地说道："你愿不愿意到我们播音室看看呢？"

此时，这位年轻人满怀热情，围着电台转了一圈又一圈。接着，好运降临了。经理指着播音机器说："我们电台正好需要播音员，如果你愿意可以试一下音。"10分钟后，这位年轻人试完了音，又过了10分钟后，这位年轻人被电台录用了。

这位年轻人就是20世纪20年代著名的体育播音员，名叫格兰汉姆·麦克奈米。

显然，热情和好运是有必然联系的。有了热情不一定会有好运，但是没有热情你一定不会有好运，通常好运都是为有热情的人准备的。

既然热情能够为自己带来好运，那么，我们如何才能够把热情随时带在身上呢？

（1）保持你的微笑

古语讲"不以物喜，不以己悲"，在你失败或者遇到困难的时候，不要总是一副国仇家恨、愁眉不展的样子。既然抱怨没有任何用处，不如露出你的微笑。用微笑面对一切，幸运会离你更近。任何困难都将不是困难，任何失败都将成为过去。

（2）保持积极的心态

不管你是在失意时，还是在得意时，一定要保持积极的心态。因为失败往往会阻碍一个人的前进，你要做的是用积极的心态将这种阻碍降到最低。不要刻意地埋怨自己或者他人，因为这没有任何用处。比如你被客户拒绝了，没关系，总结经验，积极拜访下一个客户。始终相信自己，成交就在下一位。

4. 热情的人不怕打击、失败

打击、失败是每一个人一生当中都会遇到的事情，谁也不例外。小的时候，因为考试没考好或者调皮捣蛋，经常受到老师的批评或指责；参加工作后，因为工作不完美，业绩上不去，受到老板的问责；创业的过程中，因为决策失误而导致负债累累等。只要是追求成功的人，这些挫折、打击、失败都有可能发生在他的身上。

当打击和失败出现后，大多数人最明显的反应就是自信心受挫，原先本有的雄心壮志像是被从头到脚浇了一盆凉水一样，开始变得心灰意冷。这是最可怕的结果，而且对一个人的成长来说也是最致命的。但是，我们有解决这种心态的良药，那就是热情。在你失意受挫的时候，如果你能够通过情绪调节调出你的热情，那么，你就又可以回到原先激流勇进的状态。

一个人从自信心受挫到调整心态重新恢复，必然需要一段时间。而如果我们能够始终保有热情的状态，做一个热情的人，那么，打击和失败是否就可以对我们免疫呢？我们是不是就可以不怕打击和失败了呢？

我曾经有这样一位学员，姓孙，是一名汽车销售员。他的基本功很扎实，销售技能掌握得很好，可是每次在遭到客户拒绝后，他就会变得心灰意冷，和之前热情地给客户介绍产品的时候判若两人。随后他就会打电话给我，讲述这次“丢失”客户的情况，言语之间总是透着对拜访下一次客户的担心，尽管我会极力地去引导他，但是他在公司的业绩一直很一般。

不久后，我又接收了一位新学员，姓刘，山东人，大学刚刚毕业，实习期间做过两个月的销售，销售基础知识薄弱，销售技能知之甚少，现在是某重型机械公司的销售人员。这位学员来我这里后，我没有先教他任何的销售技能，而是用很长的时间教他如何保持销售的热情。直到他习惯了这种热情，我才简单地告诉他一些销售技巧，然后让他回公司开始工作。

半年后，这位学员满怀兴奋地给我打电话说："彭老师您好，我现在是全公司的销售冠军了，而且马上要竞聘区域销售经理的职位，有机会一定去看你……"

问题解析

我的故乡湖北宜昌，是"川鄂咽喉，西南门户"，我来自 一个农村的家庭。在前面说过，我小时候有严重的口吃，当时的我感到非常的自卑，不敢与人交谈，不敢抬头面对大众，不敢参加任何活动，更别说在人多的地方表现自己，这一切可能是因为我口吃导致的吧。

小学一年级我读了 2 年，换过 3 所学校才顺利毕业。我的求学之路并不平坦，最后以中专肄业画上句号。没有高学历，没有一技之长，曾经的我认为自己一无是处。我患过忧郁症，甚至尝试过自杀，但没有成功。

在 8 岁那年，我想要触电门自杀，幸好没能如愿，左手上却永远留下了电击的疤痕。每当看到它，我就会想起小时候的情景，那时的我受尽了同学们、亲戚们的嘲笑和排挤，承受着巨大的心理压力，也不知是如何坚持下来的。

后来我做过很多事情，最多的结果就是打击和失败，直到有一天，我的热情被点燃，开始感到自己能量无限。回首曾经遭受到的一切都感到不算什么，甚至让我觉得曾经的所有挫折、磨难、失败只不过是对我的一种考验。

从那之后，我身上的这种热情就从来没有消失过，它就像我最好的朋友，无论在什么时候都坚定不移地陪伴着我。当我失败的时候，它会告诉我："没关系，成功就在下一次。"

就这样，我带着它一路走来，获得了很多成就，也得到了很多人的尊敬。它让我觉得打击、失败就像是路边的蚂蚁一样，尽管随时都有可能出现，但我从来没有惧怕过。

我是在经历失败之后才懂得用热情去治愈、抵抗对打击、失败的恐惧，期间效率低了很多，也浪费了很多宝贵的时间，大家要以我为戒，要尽早建立自己的热情度，不要等到经历长久的失败或打击后再像我一样治愈和抵抗。

就像上面案例中，两个人都是销售人员，可结果却天差地别。显而易见，前者是因为挫折、失败，销售的信心受到了影响；而后者肯定也遇到过打击、失败，但是他一直保持着自有热情，从来没有惧怕过。所以，后来者居上，他成功了。

深入解惑

热情的人不怕打击、失败，如同一个穿着防弹衣的人不会惧怕子弹一样，它会起到防护保卫的作用，不管是在心理还是生理上都能够给人一种积极的影响力。这样说可能有点抽象，下面我们详细分析一下热情的人为什么不怕打击、失败。

(1) 热情的人会直面打击，不会逃避

你在和对方沟通交往的时候，如果对方过于热情，你可能会感到不好意思、不自然，这就是一种力量，一种能够影响你的力量。换位思考，站在对方的角度上，他不会感到不自然，他会觉得这样做很正常，没有什么不妥或者不合适的地方。因为这种热情的自然习惯，即使遇到打击、失败，他也不会紧张或手足无措，而会冷静地去处理一切。

(2) 热情的人在困难面前想得开

热情的人往往比较开朗，性格外向，或者说是大大咧咧。不要小看这种大大咧咧，有时候它是一种豁达的体现。通常这种人在遇到失败、挫折的时候，会表现出一种无所谓的心态，这样，他们不会刻意计较得失，而会把主要精力放在处理问题、向前发展上。

因此，热情的人是不怕打击、失败的，如果在销售的道路上遇到大的挫折、失败与困难，他可能会坐在地上，回头看害他跌倒的坑洞，检讨自己为什么失败；他可能会伤心、落泪，但是，他一定会一边擦眼泪，一边站起身，热情地准备再一次向前冲。

5. 热情，从假装开始

当今这个世界，假的东西太多太多，如假烟、假酒、假奶粉、假食用油、假羊肉、假豆浆等，这些东西不仅坑人的钱财，更重要的是坑人的健康，真是让人深恶痛绝。相信每一个人都被假东西蒙蔽过，也都有过“吃一堑长一智”决心。

以上那些假东西千百年之后还是假的，永远不会成为真的，这是无法改变的事实，每一个有良知的人也不会去做这样的假。但是，有些东西作假之后却可以慢慢变成真的，而且对每一个人来说还是有益无害的，那就是“热情”。

我们知道，对于一个营销人员来说，热情是非常重要的一个因素，它能够让客户感受到你积极的态度，会觉得你是一个可以信赖的人。而对于有些人来说，他本身性格中就缺少热情的“基因”，在与客户交流的过程中，由于得不到客户的信任，无法拉近与客户的距离，很多时候都被客户折磨得“伤痕累累”。

显然，热情是一个销售人员必不可少的因素，如果你本身性格中就缺少热情的因素，那么，你有必要去创造它，让它在你的身上变得更加丰富起来。那么，该如何才能让自己更加有热情呢？假装是不是最好的方法呢？

记得有一次去上海一家企业培训，该企业的主要业务是音响的生产与销售。因为该企业建立运营时间不是很长，为了稳定发展，前两年主要开发的是东北地区。如今，东北地区市场已经基本成熟，于是老总决定，新招一批销售人员，准备开发西北市场。而我的任务就是对这些新招的销售人员进行培训，提升他们在西北地区的销售业绩。

这些员工虽然说是新招的，可是他们以前都从事过销售工作，或多或少都有一些销售经验。培训时间分两个阶段，前期在销售人员上岗前培训 3 天，后期在销售人员工作 30 天后再培训 3 天。

前期的培训很顺利，销售人员接收得都比较好，通过测试，一些基本重要的知识点都很好地得到了掌握。一个月后，当我再次赶到该企业进行巩固培训的时候，发现了很多问题。其中有一个销售人员叫黄磊，他对我说："彭老师，您在前期对我说的'带着热情去销售'对我影响很深，可是在实际操作中我对客户总是热情不起来，尽管我用你说的其他方法成交了一些客户，可还是因此而丢掉了一些客户，这个问题不知道您有没有更好的方法帮我解决呢？"

这个学员给我的印象很深，听课非常认真，懂得很多销售技巧，人际沟通也没有问题，平时也很少说话，给我的感觉是为人正直。为此，我对该学员建议从假装热情开始来提升自己的热情度。对于我的建议，黄磊显得有些半信半疑，但没有马上说出心中的疑问。在课间休息的时候，黄磊走到我身边问道："彭老师，您说的假装热情是否能够赢得客户的信任呢？"

我坚定地对他说："刚开始也许不一定有效，因为你不是一个好演员，但是如果你能够坚持这样做，一定会有效的，这点我可以保证。"黄磊听我说得这么肯定，就回答："那我试试吧。"

后期的培训马上结束。所有学员的问题也都得到了很好的解决，按照惯例，我要和学员互相留下联系方式，以便在后期进行沟通交流。随后，我离开了上海，飞往另一个城市。

大概又过了两个月的时间，一天晚上8点多，我接到了一个电话，是黄磊打来的，内容大致是这样：

黄磊："彭老师您好，我是黄磊啊！上海某某公司的销售人员，不知道您还记得我吗？"

我："您好黄磊，当然记得啊，最近工作还好吧，有没有遇到什么问题？"

黄磊："最近工作挺顺利的，业绩也不错，我这次打电话的主要目的就是感谢您，您说的那个假装热情真的很管用。"

我："我也为你感到高兴，祝贺你啊。"

黄磊："谢谢老师，刚开始的时候有一些不自然，也丢失过一些客户，但是我一天基本要拜访5个经销商，于是我就一遍遍地试。现在不但同事说我变得开朗了很多，而且我的业绩也是一直在上升呢……"

当我听到这个消息的时候，也是备感激动，决定以后要把此作为一个单独的课题来研究，并向学员推广。

问题解析

事实上，在我的讲课生涯中，每当讲到热情这一小节的时候，都会有学员问我："我性格本来就是这样的，从小到大几十年都没有改变过，你让我怎么热情呢?"

中国有句话叫"本性难移"，讲的是一个人的性格在形成之后往往是难以改变的，这的确是一个事实。性格是一个复杂的概念，其中包括很多因素，整体上当然无法改变，可是我们可以通过某些方法改变性格中的某些元素，比如构成性格的"热情"，而最好的方法就是如以上案例中提到的"假装"。

深入解惑

"假装"是一种行为，尽管在我们心中认为那是假的，但既然是行为动作，那么当你长久假装的时候，就会形成习惯，由量变转为质变，最终"弄假成真"，这样你的目的就达到了。

前面讲过，"热情"是一个积极的词，能够帮助一个人更加完美，提升人格魅力，这样的假装我个人觉得是有必要的。也许，当你第一次假装热情的时候会有些不习惯，但当你感受到客户态度的转变后，你一定会觉得这样做是值得的。而且随着时间的推移，当这种假装的热情成为你身体的一部分，变成你的习惯的时候，这种热情就不再是假装，而是正儿八经属于你的。

如何更好地"假装"热情，让热情在你的身上生根发芽呢？有以下一些方法我们可以参考：

（1）把朋友当作你的客户

也许你的性格本来如此，对任何人都是这样一种态度，那么就从最熟悉的朋友开始，在他们身上“假装”你的热情，看看他们的反应，等你适应之后再把对象转移到客户身上。

（2）把客户当作你的朋友

也许你对朋友是热情的，可是对你面对客户的时候，由于陌生会显得有些紧张。这时，你不妨把客户假装是你的朋友，然后像朋友一样地热情沟通。

（3）多参加一些娱乐活动

参加娱乐活动是锻炼一个人热情度的好方法，特别是有陌生人参与的派对、聚会等。在派对上与他们热情地沟通，即使是假装，也会让你感受到热情给你带来的良好感觉。

6. 认识自己的价值

曾有人对业务员进行了一次工作态度的问卷调查，调查数据显示：有85%的业务员自认为缺乏安全感。他们认为推销好像是件有目标却看不到结果的工作，每天为着业绩而拼命追赶，也许一辈子都要这样追赶下去。当遇到困难挫折的时候，他们的恐惧感和孤寂感便油然而生，从而对销售工作的稳定性与安全产生怀疑。

同样是这样一个调查，另一部分数据却显示出他们对销售工作的喜爱。虽然会遇到很多困难，但是却又舍不得放弃。他们喜爱那种富有挑战性的工作，每天都有成就感，况且回报率很高。这让他们对销售这一工作又爱又恨。

我们暂且不说这个数据的真实性，就表面来看，两者之间有一些矛盾。销售工作的确是一种具有挑战性的工作。当成功的时候，心中会充满无尽的喜悦与满足感；当失败的时候，心中会产生失意的沮丧，甚至有些人会失去销售的热情。

不管是胜利者的满足与喜悦，还是失败者的失意与沮丧，两者都存在着对自身价值缺乏认识的因素。很多时候喜悦者只是因为得到了成功的满足感，得到了经济利益而喜悦；失意者只是因为丢失了客户、受到领导的指责，丢失了利益而沮丧。这是一种狭隘的想法，到最后都会影响销售工作的长期发展。前者往往会自满骄傲，后者往往会丧失信心、热情降低。

因此，从自身价值出发，首先客观理智地首先认清自己的价值，然后做销售，这样会不会让销售工作变得更加轻松呢？

我以前在参加美国潜能大师安东尼·罗宾的培训时，他曾经给我讲过这样一个故事：

在一座山的附近有一个农场，农场的主人有一个养鸡场。这天，农场主人喜欢冒险的儿子趁父亲不注意，爬到了这座山上去玩耍，偶然间发现了一个鹰巢，里面有一些鹰蛋。小儿子觉得很好奇，因为这和自家鸡场的鸡蛋相比，实在是小多了。他想：如果将鹰蛋放在鸡窝里孵化，结果会怎么样呢？

想到这里，调皮的男孩便拿走了一颗鹰蛋，带回养鸡场，把鹰蛋和鸡蛋混在一起，让一只母鸡来孵。没过多久，这个鹰蛋就被母鸡孵化成了小鹰，出现在了小鸡群里，和小鸡一起生活、玩耍，过得很开心，也很满足。

随着小鹰慢慢长大，它发现自己和别人长得不一样，心里总会出现一种奇怪的感觉。可是它并没有在意，依然高兴地和小鸡在一起玩耍。直到有一天，一只老鹰从它的头顶飞过，小鹰心中感受到了一种力量。它觉得自己和这只老鹰长得一模一样，应该也能够飞起来。尽管它从来没有飞过，但是它的心中有一种强烈的飞翔欲望。

于是，它展开了双翅，从地上飞到了屋顶。这时的它非常兴奋，它发现原来自己可以飞得这么高。随后，它又展开双翅，从屋顶飞到了一座矮山上。这时的它已经兴奋到了极点。它再次展翅，从这座矮山上飞到了一座高山之上，最后飞上了青天。这时的它才发现，原来自己是这么的伟大。

问题解析

也许，你会觉得这不过是一则寓言而已，我又不是鸡，也不是鹰，对

于我们来说没有任何意义。

其实不然，小故事中往往蕴藏着大道理。我们来分析这则寓言：小鹰起初为什么会和鸡和睦相处，甘于平庸？因为它没有发现自己的能力，没有发现自己的价值；后来，小鹰在看到老鹰展翅翱翔之后，为什么会突然之间有了一种想飞的欲望？这是因为老鹰引导它发现了自己的价值，它觉得自己的价值并不仅仅在于此；随后，它飞上了屋顶，这时的它发现自己的愿望果真实现了。在这种信心的激励下，最后它飞上了青天，它的价值这时才真正得到了实现。

我们很多销售人员如同这只小鹰一样，缺乏发现自身价值的勇气，或者说没有一种正确的引导让他发现自身价值。于是，他一直没有期望过自己能够做出什么了不起的事情，把自己钉在自己期望的范围之内。其实本来自己可以做得更好，业绩可以更高，但是由于懒于发现，懒于思考，所以只能默默无闻，甘愿做一只碌碌无为的小鸡。

因此，一个销售人员认识自己、发现自己的价值，是自我提升的阶梯。

深入解惑

从事业发展的角度来看，作为销售人员，对销售工作一定要持有一种肯定的价值观，这是销售人员本该有的一种境界。当然，因为某些销售人员的行为不当，给很多消费者造成了一些错觉，他们认为销售人员都是骗人的，都是奔着自己的钱来的。对于某些客户的这种观点，我们一定要和自己该持有的价值观分开，客观理智地认识自己、认识销售工作。

为此，要想成为一名优秀的销售人员，我们必须要有以下认识，这样才能更加清楚地认识自己的价值。

(1) 销售是一件帮助他人的工作

有需就有供，社会上之所以会有销售这份工作，是因为人们有所需要。你销售产品首先是为了解决客户的问题，其次才是为了赚取利润。也只有把客户的问题完美地解决了，你的销售工作才会越做越好。

因此，你需要抱有一颗感恩的心去做销售，用一颗热忱的心去与客户沟通，这样才能得到客户最大限度的接受，你才会有勇气克服困难。

(2) 销售是一份让自己完美强大的工作

众所周知，销售过程中会遇到很多困难、挫折，被客户拒绝、冷落，

看客户眼色是经常会有的事情。当你遭遇这种打击时，不妨认真思考一下：销售工作的真正价值在哪里？对于公司的价值在哪里？对于个人生涯的真正意义是什么？

当你明白这些问题的答案之后，你就会明白：世界上没有任何一份工作比销售更能够锻炼人，更能够完美人。只有经得起考验，你才会变成一个头脑敏锐、果敢有魅力的人。

7. 修炼神秘的耐心

中国有句俗语叫“心急吃不了热豆腐”。如果想把豆腐彻底煮熟，没有一定的时间和火候是肯定不行的，如果太着急，吃到嘴里的豆腐就不是热的了。这句话的寓意为：做事情应该按照程序、步骤，不应急于求成，否则会得不偿失。也就是我们今天要讲的耐心。

耐心在销售中非常重要，有时候直接关系着成交与否。如果客户还在思考的过程中，你就过早开始催单，邀请签单，那么，一方面由于客户还没有对产品了解清楚，心里会烦躁；一方面由于你的心急，会让客户对你产生怀疑，甚至怀疑你的产品，最终可能会离你而去，这便是耐心在销售中的重要性。

在我培训过的学员中，总有一些耐不住性子的人。尤其是刚刚进入销售行业不久的学员，总是抱怨客户不好对付，不给他们机会。殊不知，主要问题就在于他们缺乏销售该有的耐心。可以说，销售如同做菜，火候把握不好，过早地掀开锅盖，肯定得不到最正宗的味道。只有稳住自己，懂得忍耐，在合适的时机出手，才会达到最好的效果。

在我的学员当中，有一个叫张强的给我印象颇为深刻。虽然我教给了他很多销售知识，但是他的经历也让我领悟出了一些道理。

张强的爸爸是某国营机床厂的工人。早些年，张强初中毕业之后原本想继承爸爸的工作，稳定地生活下去。但是，由于经济不景气，很多单位都开始裁员。无奈，张强只好在家门口打零工。

因为工资低，张强的生活很拮据。有一天，他在街上看到一个招聘启事，是一个电脑公司正在招聘销售人员，专职兼职均可。他想：既然可以兼职，那么空闲时间就可以去跑客户。于是，他跑到这家电脑公司去应聘。有意思的是，他来到面试经理面前只说明了自己的来意，热情地表达了对电脑销售这份工作的期望。尽管他不懂电脑，对销售技巧也知之甚少，可面试经理看见他这么富有热情，自信满满，不忍打击他的自信心，便录取了他。

张强应聘成功之后便开始跑客户，刚开始他不懂哪些是潜在客户，哪些是有意向的客户，只是凭着自己的热情与耐心，在大街上逢人便介绍拥有一部电脑的各种好处，去写字楼的各个公司一个个敲门推销。

当然，前期的效果并不是很理想，张强并没有推销出几台电脑。可是他并没有灰心，不断总结经验，依然热情洋溢，很有耐心地向每位客户介绍自己的产品。

付出总有回报。有一天，一位客户给张强打电话说有意向要一台电脑。当张强去拜访这位客户时，客户却犹豫不决，支支吾吾说要考虑考虑，也不给出明确的时间。无奈之下，张强开始跟进这位客户，节假日发短信，每周不固定地拜访。就这样，直到1年之后，这位客户才购买了他的电脑。

张强在给我说这件事的时候，显得很有成就感。如今，他已是全公司业绩年年第一的全职优秀销售标兵。

最后，我问他成功的秘诀是什么，他只说了两个字“耐心”。每位意向客户他都会热情耐心地跟到最后，决不会轻易放弃。

问题解析

很多时候，销售如同钓鱼，但是要比钓鱼更加有耐心。因为有时候一个订单的成交可能需要数年之久，没有耐心，这个过程便无法完成，你自然也就钓不到大鱼。

耐心是气质的体现，是心理成熟的标志。成功者决不放弃，放弃者不会成功。就像我的学员张强一样，在面对失败之后，在面对犹豫不决的客户时，如果他没有耐心，肯定不会像今天这样成功。

耐心是一个人心理素质体现。当你有烦躁、受挫等不良情绪时，你的耐心会随之降低，在与客户沟通的过程中，也会产生不良的因素，影响最后的成交。俗话说："心态决定命运。"为此，要修炼自己神秘的耐心，需要从心态着手。

深入解惑

从事多年销售工作的人都知道，销售是一条漫长而艰辛的路，不但要保持十足的热情，还需要长久的耐心。只有这样，才能让你不失每一个客户，渡过重重难关，最终取得成功。

尤其是在你情绪低落的时候，你的耐心可能会受到极大的影响，这时你需要适时地进行自我调整，保持自己的热情与对待客户以及销售工作的耐心，否则，销售这条路势必将永远地被画上休止符。很多销售人员就是因为无法保持那种耐心，最终才悄然引退，离开销售这个富有挑战性的行业。

要想成为一个赢得最终胜利并拥有超级气场的销售员，就需要有强大的耐心，那么如何才能做到这一点呢？

(1) 真诚之心

真诚地对待每一位客户，无论客户有多么难缠、要求多么苛刻、沟通多么有难度，你都需要用一颗真诚的心对待，并且要自始至终。这不但是赢得客户信任的一种方式，也是锻炼自己气场的一种方式。

(2) 百折不挠之心

遇到困难、挫折不要灰心，更不要打退堂鼓。俗话讲："吃得苦中苦，方为人上人。"销售工作一半都是用脚跑出来的，你需要不断地拜访客户、跟进客户，尽管会遇到很多困难，也许会吃很多闭门羹，但是你需要有解决问题的耐心以及百折不挠的恒心。相信自己，只要坚持，没有什么事情可以难住自己。

(3) 平常之心

面对挫折、打击不气馁，用平常心处之，保持理智与冷静，分析客户，不断调整自己的心态，改进工作方法，做到胜不骄、败不馁。这可以让你的耐心更加神秘。

(4) 责任之心

不光是销售，做任何工作都需要抱有责任之心，这是每个人成功必备的基本要素。有时候你之所以面对问题、客户产生放弃的想法，是因为你的责任心还不够强，没有完全领会你的工作对家人、公司发展、自身发展的重要性。而当你完全认识到这一点后，相信你的耐心会比任何一个人都强。

8. 3分钟热情不足以成大事

有这样一类人，在做某件事情的时候，刚开始热情高涨，激情饱满，兴趣浓厚，但随着时间的推移，遇到一些困难、挫折之后，渐渐地热情没有了，激情减退了，兴趣也没有之前那么浓厚了。这类人做事便属于“3分钟热情”类型。

我们经常会遇到这类人，他们就像3岁小孩一样，刚买的玩具没玩几天就失去了兴趣；刚开始特别喜欢学画画，可没学几天就不再去上课了。如果是这样，要把一件事情做成功肯定是有相当难度的。

在销售行业中，类似于“3分钟热情”的销售员同样也不在少数。比如，有的人看到朋友做销售赚了不少钱，买了房买了车，于是他非常激动，觉得如果自己也去做销售，相信也能够像朋友一样赚得钵满盆满。于是，他热情高涨地加入了销售行列，可是在经历了一些挫折打击之后，开始打退堂鼓，甚至退出了销售行业。当然，还有一类人，他们虽然没有退出销售行业，但是他们的心态发生了很大的变化，从原先充满激情变成了“混日子”，过完一天算一天。显然，这种类型的销售人员无法取得优秀的业绩，并且无法成功。

2012年，我有一个朋友开了一家美容院，招聘了一批学员。赶在美容店开业之前上岗，于是他请我为他们去培训一个月。

我去了之后，从销售技能、谈判策略、成交策略等方面对他们进行了系统的培训。一个月之后，经过测试，这些员工掌握得还算不错，基本可以上手，员工的工作热情也很高。我的培训任务完成了，当然也就离开了。

又过了大概一个月，朋友打电话给我。

朋友说："老彭啊，自从你培训完店里的员工之后，效益还行，只是从开业到现在，业绩一直都没有大的增长呀，你说这怎么办呢?"

我问："这样啊，员工现在工作的态度如何?"

朋友说："工作态度很好，也很听话，可不知道是因为他们对环境熟悉了还是怎么，总觉得他们的工作热情没有刚开业那会儿高了。当然，也许是我的错觉吧。"

我说："你能再抽出一天时间吗? 我来改善你现在的状况。"最后，朋友答应了我的要求，并决定第二天店里放假，把时间留给我。

到了朋友的店里后，因为之前在培训的过程中彼此都认识，所以我与员工进行了良好的沟通。随后我发现，在这一个月的时间里，很多员工的销售技能有了明显的提高，但是他们的热情却有了明显的下降，并且有些人是"3 分钟热情"类型的。这一点是我早就预料到的。针对此种情况，我对他们进行了一天的热情康复训练。

当然，要提高并改善一个人的热情，通过一次、两次的培训是无法做到的，所以，我走的时候将一些简单的培训技巧告诉了我的朋友，并告知时刻提高员工的热情是最终目的。

事实证明，我的这种方法是对的，朋友用我的方法，不但让店里的气氛活跃了很多，而且由于员工服务态度好，并始终如一，来店的客户越来越多，效益也越来越好。

问题解析

尽管有时候我会讲很多销售的技巧，但最终都是围绕销售的本质展开，那就是：热情四射、技能过硬、服务周到、真诚执着。也许你会说："你说的这谁都知道，但是效果很一般啊！"不错，我相信只要是从事销售工作的，这几句话都听说过，但是我想问的是：有几个销售人员做到了？如果你做到了，请问你坚持了吗？

3分钟热情成不了大事，持续付出不亚于任何人的努力，才能获得成功。持之以恒，水滴石穿。

正是因为很多人只是3分钟热情，无法保持自己的热情，有时候过于情绪化，为此，在面对客户的时候错过了很多销售良机。就销售本身来说，当你取得一个大单的时候，不乏有同事会对你说："运气真好！"诚然，一次的销售成功会有一定的运气成分，但是，如果你能够将这种成功继续，那么就不仅仅是运气的原因，而是你持之以恒的热情服务、高超的专业技能为你带来了成功。反过来讲，一个销售人员如果和以上案例中的店员一样，只是在开业一段时间热情高涨，在取得了一定的业绩之后销售的热情渐渐隐退了，那么，这个销售员之前取得的业绩只能说是运气，之后也不会取得更大的业绩。

深入解惑

从心理学知、情、意、行的角度分析，3分钟热情是一种行为态度，是意志力不坚定的表现。也就是说，对某事物的兴趣度不是很高，情绪的唤醒能力不强，从而造成个人对该事物的认知有一定的局限性。

要做好一份工作，首先要提高自身的认知水平，明白这件事情或者这份工作对自己的意义和价值，从而提高自己情绪的唤醒水平，增强自己的意志力，从而能够长久坚持去做某一件事情或者工作。

(1) 不断发现兴趣点

这是保证持久热情度最好的方法之一。每个人在刚开始做某件事情的时候，都会有一种新鲜感，为此也会表现得十分热情。而当你发现这种新鲜感在慢慢消失的时候，请不要置之不理，因为这会影响你的工作热情。这时你需要积极地去发现销售中其他能够让你感兴趣的点，比如去了解新的产品、学习你所不知道的销售技巧、挑战新的客户等。总之，不要长久地把你的视野或者心态停留在一个地方，这样会让你感到麻木。

（2）让工作计划“动”起来

一个“会”工作的人都会给自己制定工作计划。为了避免“3分钟热情”，在制定工作计划的时候可以更加灵活一点，一个好的工作计划应该是动态并可以修正的。这种工作计划一定程度上可以保持你心态的新鲜感。

（3）监督明示法

把你要做的事情写成标语贴在醒目处，或者把你要达到的目的告诉你的朋友。这样，在你热情度减弱，想要放弃的时候，就会有所顾忌，从而起到警示的作用。

测一测

看看你的工作热情指数有多高？

1. 公司来了一位新员工，一副冷冰冰的样子，而且和你分到了同一个部门，似乎有点看不起你。这时你会怎么办？

A. 抛给他一个工作上的难题，看他如何反应。
B. 不理他，谁怕谁。
C. 主动和他打招呼。
D. 找合适的机会和他说话。

2. 工作中你遇到了一个小小的困难，需要他人帮助。这时，有一位员工看到了你的困难，而且他也能够帮助你，但是他一点帮你的意思都没有。这时你该怎么办？

A. 言语讽刺对方的冷漠。
B. 不在乎他，自己努力想办法解决。
C. 间接地向对方传达需要帮助的信息。
D. 直接邀请对方帮忙。

3. 这天你成交了一个客户，回到公司后发现多收了客户 2 元钱，这时的你会怎么办？

A. 不管他，觉得 2 元钱客户不会发现，发现了也不会在乎。
B. 等以后有空再向客户说明。
C. 马上打电话给客户说明情况。
D. 立马打车去客户处，还给客户 2 元钱。

4. 这天你去客户处，发现客户在使用你的产品的竞品。该竞品是你所销售产品的老对头，和你们竞争多年，一直不相上下。但是客户使用竞品的方法是错误的，这样一定会影响使用效果。这时你会怎么办？

A. 告诉客户更加错误的使用方法，以此让客户对竞品失望。
B. 假装不知道。
C. 告诉客户正确的使用方法，并抓住机会无情地批判竞品。
D. 告诉客户正确的使用方法，客观分析该产品。

5. 你经常帮助别人，但是很少听到别人对你说谢谢。这天，有一位同事似乎想要对你说什么，但却欲言又止。你会怎么做？

A. 担心他找你帮忙，刻意地躲避他。
B. 装作没看见，不管他。
C. 暗示他去找领导。
D. 主动询问他要不要帮助。

6. 你有一位同事，平时给人感觉很冷漠，其实是一个很热心的人，很想和你打成一片，只是平时习惯了那种冷漠的风格。有一天，他遇到了困难，并向你求助。你会怎么办？

A. 借此机会好好嘲笑他。
B. 找借口躲避他。
C. 告诉他方法，让他自己去解决。

D. 热情地去帮助他解决问题。

A=3 分　B=2 分　C=1 分　D=0 分

0～4 分——微波炉型，你的工作热情能量很高，高到不好控制。和你在一起，冰会融化，煤会燃烧，别人都会和你保持距离。

5～11 分——暖宝宝型，你工作热情度很高，而且让人舒服。你很温和地对待每一个人，同事们都很喜欢和你一起工作。

12～16 分——电冰箱型，你没热情，表面不动声色，内心却冷冰冰的。同事会远离你，客户不会被你吸引。

17～18 分——粉碎机型，你非常有能量，但是是搞破坏的能量。无论谁都不是你的对手，建议你最好改改性格。

第二章

追逐目标——在奔跑中变得更强

为了能够取得更好的业绩，我们每年、每季度、每月甚至每周、每天都会制定一些目标。那么，这些目标仅仅是用来完成的吗？什么样的目标才能激发你心中潜在的能量？如何制定目标才能让你变得更强？

1. 目标是用来追的

我和很多人一样，每年都会给自己制定一些目标，包括工作、生活、成就等各个方面。比如：在工作中，今年我要举办一场万人培训会，让更多的人可以与我一起进步，帮助更多的销售员取得业绩上的突破；在生活中，我今年要买一栋大房子，让我的太太和孩子过上更好的生活；关于成就，今年要让我的中国会销 101 网会员翻一倍，等等。

很多时候，我制定的目标都会成功，主要原因是：对于制定的目标，我一直在努力。从另一个角度讲，这些年来，我都是在追赶自己所定的目标。当一个目标完成之后，我会根据自身的情况马上制定下一个目标，然后根据下一个目标制定完成计划。等到目标按照计划达成之后，我又会重复上一个动作。因此，我的生活可以用这样的循环公式表示：制定目标—追赶—完成—制定目标……

制定目标是一个很快的过程，所以，我的大部分时间其实都是在追赶

目标。而当下有些人的目标却是用来“完成”的，而非“追赶”。尽管两者最后的目的是一致的，但前者在完成目标之后，便宣告达到了目的，不再制定下一个目标，或者很长时间才制定下一个目标；而后者是在完成目标之后，马上向已经计划好的下一个目标行进。所以，后者往往要比前者更容易成功，更加强大，成长更快。

在我的生活中，曾经出现过这样一个人，姓赵。为了保护个人隐私，暂且就叫他小赵吧。小赵这个人比较聪明，做事情也很努力，上学时一直是老师眼中的好学生，大家都认为他将来会大有作为。

可是在高中毕业后，一方面由于经济原因，另一方面由于没有考上一流大学，他最终放弃考学，走向了社会。刚开始，他由于聪明能干，应聘到了一家酒店做业务主管，待遇还不错，除了生活用度，每月还能够往家里寄一些钱。但过了一段时间后，可能是在酒店见到的富人太多了，激起了他心中原本不安的因素。那天，他给我打了一个电话。

小赵：“彭哥，你说我这么辛苦地工作赚钱，什么时候才能过上富人的日子？什么时候才能把父母接到城里来住？”

我说：“只要有目标，我们就一定能够成功，这点你要相信自己。”

小赵：“我当然有目标啦，我的目标是在城里买一套房子，然后把我父母接过来，这样我就心满意足了。可是以我这样的工资，估计这个目标难以实现啊！你觉得什么工作能够帮我更快地实现这个目标呢？”

我说：“销售是一个不错的职业，虽然极具挑战性，但是如果做得好，回报率也会很高。你这样的目标应该很快就能实现，就是不知道你喜欢不喜欢这份工作。”

小赵：“当然，为了我的这个目标，没有啥不喜欢的。”

之后，我将小赵介绍到了朋友的一家企业做销售工作。从朋友那里得知，小赵在工作中积极努力，别人不愿意跑的客户，他会第一个冲上去；别人不愿意去的地方，他从来没有退缩过。朋友还夸我为他介绍了一位优秀的销售人员。

一年之后，如我预料到的一样，小赵成为该企业年度销售冠军。除了平时该有的绩效提成，企业还给了他一笔不菲的奖金。随后，他便在该城市买了一套三室两厅的大房子，还把父母接了过来。

有一天，我问小赵："你的目标现在实现了，接下来你有什么想法呢?"

小赵说："能有啥想法，孝敬老人，好好过日子呗。"

当时我想，这也对，应该是这样的。可不久，我从朋友那里了解到，尽管小赵的业绩有之前的老客户维持，一直很稳定，可是有些销售员在某些季度已经超过了小赵。而小赵不再像以前那样"拼命"了，每天大多时间都是坐在办公室里回访老客户，业绩一直都没有大的增长。

年底销售业绩评选，由于业绩平平，小赵也不再是第一，排全公司第八名。

问题解析

分析小赵的人生历程，在他第一次进入销售行业后，他的心中是有目标的，而且这个目标对他来说非常重要。所以，他在工作中格外卖力，最后成功，成为全公司销售冠军理所当然，用赚来的钱实现自己的目标也理所当然。

但是当他实现目标后，他的工作态度却发生了很大的变化，不再积极开发新客户，业绩稳步不前。可以说，如果没有之前他积累的老客户，他的业绩会急剧下滑。为什么会这样呢?

其一，小赵达到了原先的目标，却没有制定新的目标。

其二，小赵过于沉醉在目标完成后带来的快感之中。

总之，主要问题在于小赵只是把目标"完成"了，而不是去"追逐"。

因为这是不同的理念，所以导致了不同的结果。

深入解惑

很多时候，我们会给自己制定一个追求的目标，然后朝着各自的目标开始努力，比如，在学业上我要考名牌大学，念硕士、博士；在事业上我要升职，完成这样那样的业绩；在生活上我要为家人打拼，积蓄殷实的家底。有了这样的目标，人们的行为便在达成意识的驱使下陀螺般旋转起来，乐此不疲。

但是，一些人通过自己的努力取得了成功，也实现了自己的目标，可是接下来的日子他们每日里喝酒应酬是家常便饭，打牌游戏是生活支柱，飙车耍酷是自我调整。他们初期的奋斗意志随着生活的改善而消失殆尽，仿佛换了一个人。

问题就在于他们没有继续制定下一个目标，或者说没有更长远的目标，只是把目标当作任务一样完成了事。因此，为了能够让自己不断的强大，需要注意以下几个方面：

(1) 永远保持一颗积极向上的心

心态决定一切。不管你的目标完成还是没有完成，需要调整还是不需要调整，都需要有一颗积极向上的心，这样才能够最大限度引导你处在追逐目标的状态。

(2) 提前或者马上制定新的目标

目标完成后值得庆贺，但是不要沉醉、骄傲，你需要做的是马上制定出新的目标，整理心态，朝下一个目标进发。或者把你之前就制定好的新目标拿出来，认真分析审视，付出行动去追逐。

2. 拿出“不达目的不罢休”的气势

中国有五千年的历史，在历史的长河中我们细细回顾，但凡在事业上有所作为，取得辉煌成就的人，无不具有创建霸业的雄心壮志以及远大的理想和目标。事实也是如此，要让目标彻底地向前推进，心中需要装满“不达目的不罢休”的霸气，这样才能为拼搏进取提供源源不断的精神动力和智力支持，从而一步步实现目标。

然而，环顾我们四周，有些人的确为自己定下了追逐的目标，确定了远大的志向，但是，他们在行动上却成了“矮子”。在遇到困难的时候，他们的反应为何总是那么迟疑？在挫折面前，他们为何变得意志消沉，畏惧不前？原因就是他们心中缺少应有的霸气，目标制定出来后，没有拿出“不达目的誓不罢休”的气势。即使他们为了达到目标采取了行动，这些行动也显得微不足道，对目标没有足够的影响力以及前进的气场力。因此，在实现目标的路途中，脚步就会显得蹒跚。

大多数人应该听过“敢死队”或者“死士”这个词，不管是通过什么方式，当您听到这个词的时候会不会产生一种敬畏感呢？也许有人认为这帮人太傻了，拿自己的命去玩，值得吗？值得！绝对值得！这是一种信念！从某种角度分析，他们确实不应该这样做，但是从成功的角度讲，这类人值得我们每一个人敬佩与学习。试想一下，你在面对目标的时候，如果能够拿出“敢死队”、“死士”这样的信念，视死如归，不达目的誓不罢休，谁还能够与你争锋？谁还是你的对手？目标能不实现吗？

记得大概是2011年的1月份，有一个汽车销售品牌的销售顾问给我打电话，诉说了他心中的疑惑。

销售顾问：“彭老师，我现在感到一种前所未有的迷茫。已经快到年底了，正是汽车销售的旺季，可是不知什么原因，我这个月的业绩还是零啊！我现在想，难道我的生活就只能这样继续了吗？销售工作真的能够保证我的未来吗？我对此非常迷茫，同时也感到不安，不知道该怎么办。”

我问他：“你这个月给自己制定销售目标了没有？”他告诉我说制定了，两个月的目标销售额是100万元。

我告诉这位销售顾问：“销售人员的成绩是与其意志的强弱成正比的，如果总是认为自己‘不行’，那么，‘不行’就会成为现实。你现在之所以会有迷茫感和不安全感，是因为你在行动上缺乏实现销售目标的气势。”

随后，我告诉了他一个方法，让他每天在回家的路上指天发誓：“坚持，坚持，一定要坚持到底，一定能够实现目标！”

两个月后，我主动给这位学员打电话，询问结果。这位学员激动地对我说，他的目标实现了。自从给我打完电话后，他按照我说的方法去做了，并且自己暗暗下定决心：“我就不信在今后两个月中，销售额达不到100万元！”就这样，在这种坚定不移的信念以及“不达目的不罢休”的气势下，在最后两天，他一口气卖出了5台车。之后的几年当中，他一直是该汽车4S店的销售冠军。现在这位销售顾问是该汽车4S店的总经理，我们也成为很好的朋友。记得有一次在一起吃饭，我问他：“这么多年走来，你觉得提高销售业绩的主要窍门是什么？”

他用一种幽默但又严肃认真的语气回答说：“在您面前说这个这不是班门弄斧嘛！不过就我自身的感受而言，主要有两点：一是清晰的目标，二是不达目的誓不罢休的气势。”

问题解析

客观地讲，“不达目的不罢休”的气势是一种看不见、摸不到、但是能够感受得到的东西，它如同一个人的气场，即使人站在那里不说话、不做任何动作，你也可以明显感受到他的尊贵与不同。当然，气场是需要修炼的，而气势与一个人的信念有关，所以拿出这种气势其实是比较容易的事情。

以上案例中，我那位学员只是调整了心态，强化了信念，最后就达到了原先看似很难的目标。原因是，在他调整心态、强化信念之后，他的行为也开始变得锐不可当，无形中有力地推动了向目标进发的脚步。

我们再来举一个反面的例子。吵架我们每个人都见到过，而且可能还都参与过吧。在吵架的过程中，不管是谁对谁错，单从最后的结果来看，你有没有发现最后占上风的往往是那些气势汹汹的一方？为何？因为他们有气势。当然，这是一个反面的例子，在发生冲突时我们不可效仿，要讲道理。我们需要从中提取的是，把这种气势运用到实现销售目标的过程中。也就是说，面对目标，你要像面对敌人一样死死盯住它，想尽一切办法去征服它，这样，你的“不达目的不罢休”的气势就出来了。

深入解惑

一个人的成功，很大程度上取决于他的想法和观念。面对人生、事业的目标，有的人成功了，有的人放弃了，有的人为之奋斗了一生依然未变，只因个人想法和观念的不同。

历史上很多成功人士为我们留下了宝贵的人生信条。

诸葛亮说：“志当存高远。”

胡林翼说：“人活一世，不该随俗浮沉。生无益于当时，死无闻于后世，哀莫大焉！”

诗仙李太白曾有句豪言壮语：“天生我材必有用，千金散尽还复来。”

伟大领袖毛主席曾写下慷慨激昂的文字：“自信人生二百年，会当水击三千里。”

从这些人生信条中，我们应该明白：

(1) 要有明确的目标

运用到销售当中，就是你需要制定明确的销售目标，这样你的霸气才能得到充分的发挥。朝着一个方面进发，快速达到目标。

(2) 要有自信

自信是显露自身气势的要素之一，一个没有自信的人是不可能有气势的，即使装出来，也缺少霸气。因此，体现不达目的不罢休的气势必须要有自信。

(3) 心中要有霸气

中国历史上有一个人物叫曾国藩，他在做人的气势方面很是让我钦佩。他有一句座右铭：“不为圣贤，便为禽兽。”仅仅看这条座右铭，就知道他的志向何其远大，他的气势何等豪迈！其中一个原因是他的心中充满了霸气，因为这股霸气，所以他在无形中会变得势不可挡。

3. 唯有不可思议的目标，才能有不可思议的未来

“唯有不可思议的目标，才能创造不可思议的结果。”这是世界畅销书作者马克·汉森说过的一句话。因为这句话，我特别欣赏此人，觉得自己

和他在目标追逐方面有一些共鸣。我认为平凡的目标只能达成平凡的结果，伟大的目标才能达成伟大的结果。

他认为这是一个人一生中最应该发扬光大的终极理念。他曾经通过演讲、著书、广播、网络、电视媒体等方式让更多的人来了解这句话：你所设立的目标，必须是不可思议的目标，才能得到超乎想象、不可思议的结果。

所谓不可思议的目标，其实就是远大的目标，也许有人会说："醒醒吧，别做梦了，现实一点吧，目标定得太大、太虚幻，只是好高骛远、不切实际的做法，我们应该以过去的经验为基础来制定目标，循序渐进地实现大目标。"

也许有人会质问你："你目标定得那么高，万一没有实现，幻灭了，你怎么办呢？希望越大，失望也越大；爬得越高，跌得越重。你不怕一失足就粉身碎骨吗？"

不管是他人的质问还是疑问，说的都有一定的道理。也许我和有些人的想法不太一样，我前几年为自己定了一个目标，将来和刘德华同台，在北京鸟巢进行一次演讲，然后将所有的收入捐给需要帮助的人们。这是我的梦想，也是我的目标，这几年我一直在为这个目标努力着，我相信有一天我一定会成功。

曾经有人讲过这样一个比喻：如果你是一个神射手，你将目标瞄准了天空的太阳，即使你没射下太阳，至少也能射下天上的老鹰；如果你瞄准的是天上的老鹰，即使没有射中老鹰，至少也会射到电线杆上的麻雀；若你一开始就瞄准电线杆上的麻雀，那你只能射到墙角的蜗牛了。

我相信这个比喻是正确的，因此我也相信我的梦想会给我带来好运。

我经常会听一些名人的课程，有一次，在听安东尼·罗宾的课程时，他讲了这样一个故事。

有一次，他讲关于制定目标的内容，在课程刚开始的时候，他要求每一个学员写下自己的目标，而且没有任何限制。有一个小伙子非常贫穷，但是他非常向往大海，所以他制定的目标是：我要拥有一艘属于自己的游艇。

安东尼看着这位学员写的目标，问他对此目标是否有信心实现。该学员苦笑着说："这怎么可能实现呢！就是一辈子也实现不了吧！"安东尼说："暂时不要下这样的结论哦，你可以把这个目标先告诉和你最亲密的人。"

于是，这位学员回家后将这个目标告诉了自己的女朋友，女朋友听后开玩笑地说："如果你有了这样一艘游艇，一定要让我在海上自由自在地开一开哦。"

接下来的一个星期，不可思议的事情真的发生了。这位制定了不可思议的目标但又非常贫穷的学员突然间冒出了一个亲戚，而且这个亲戚非常富有，因为得病快要去世了。就在这位亲戚临终的时候，真的给这位学员送了一艘游艇。

也许很多人会觉得这只不过是一个美好的故事而已，其实当时我听了安东尼老师的这个故事后，也觉得这肯定是一个美好的童话，哪有这样巧合的事情！但是这确实是一件真实发生过的事情。

我说这件事情的目的并不是说，只要我们定下不可思议的目标，就一定能够碰到好运，而是想说，远大的目标可以有，面对不可思议的目标不要怀疑，也不要觉得那是多么遥不可及。这对我们个人的进步是有积极的推动作用的。

问题解析

著名作家罗伯特在自己的小说《富爸爸穷爸爸》中写道："小计划没有使人热血沸腾的力量。如果设定一个目标是买一辆脚踏车，会不会很兴奋？不会。小计划小目标不会让人有热血沸腾的力量，没有热血沸腾就没有渴望，就没有冲劲，就谈不上达不达成。"

这一点我个人深有体会，不管是从自己身上还是从我的学员身上，小目标和大目标确实会给人带来不同的渴望度。如我在未来几年准备在鸟巢和刘德华同台举办一场演讲会，对于这个目标，一想到我要和刘德华同台，我要和他共同去做一项慈善事业，我就开始热血沸腾，对于实现这个目标的所有相关因素我都会去关注，比如刘德华最近的电影、动态，关于准备这场演唱会还需要自身修炼的东西，等等。

世界催眠大师马修·史维说：“你的格局一旦被放大之后，再也回不到你原来的大小。”对于这句话我是这样理解的：一个人心中的格局如同他心中的目标，它就像是一个容器。如果这个容器是一个杯子的话，就只能装一个杯子的水；如果这个容器是一个桶的话，就能够装一桶的水；如果这个容器是一个浴缸的话，就能够装更多的水。也就是说，当我们心中的目标越大的时候，能够装进去的东西才会越来越多。

深入解惑

不可思议的目标可以生发出非凡的勇气和永远向前的霸气，在这种情况下，你才能知难而进，勇往直前，不为流俗所移，创造出不朽的丰功伟业。

(1) 在制定目标时，一定要显得不可思议

就我个人经验来说，一个人的目标越小，挫折感会越重。因为如果我们的目标定得足够大，在努力过后，即使达不到也距离不会太远，因为你的目光是聚焦在目标上的，即你与目标的距离会越来越近。此外，每一个成功者都明白，不管是否制定了不可思议的目标，你都可能会遇到失败，因为很多时候失败是成功的前提。而当你制定的目标很小甚至没有目标时，失败对你而言，就是无穷的挫折。你可能会想：“我连这么小的目标都无法达到，我还能做什么呀!”因此，小目标的挫折，会将你推入万劫不复的深渊。

(2) 莫在意他人非议，我们要做的是让谎言成真

有些人会担心自己在制定大目标后，别人会说他自欺欺人。其实，不管是小目标还是不可思议的大目标，都是一种“谎言”，因为这是还未发生的。“关于未来的一切都是谎言。”这是作家罗伯特说过的一句话，但最重要的是将来你可能会让谎言成真。比如你说：“我未来要成为亿万富翁，买自己的豪宅，有私人飞机。”这些东西你现在买了吗？没有。所以，对于未来来说，所有的一切都是谎言。既然这样，那么在你制定一个大目标时，即使别人说你做不到，嘲笑你，你也不用担心在意。既然关于未来的这一切本来就是谎言，他说你做不到也就是谎言，因为未来还没有发生，

他怎么知道你做不到呢？

所以，给自己设定下不可思议的目标，它会带你走得更远。不用担心他人的闲言碎语乃至嘲笑，因为未来会发生什么没有人可以预知，只要努力向前进发，就有成功的希望。

4. 让目标每天“壮大”一点点

目标制定之后，就努力去实现。而“努力”是一个很宽泛的词，如何努力，如何实现目标，是很多人关心的问题。如果你每天能够最大限度地向目标迈进一些，久而久之，目标就会越来越充实壮大，那么，距离实现目标会不会更近一些呢？

此外，世界每时每刻都在发生变化，个人在努力实现目标的过程中，心态、周围状况也可能会发生很大的变化，这就使得你的目标有时候不得不成为一个变量。比如，在你努力实现目标的过程中，由于社会因素的变化，你发现当下你的目标是那么渺小，这个时候你就需要适时地将原先的目标“壮大”，也就是制定更加宏大的目标。一方面，这可以激发你心中的斗志，促使你一直在积极努力当中；另一方面，可以让原先的目标更加快速高效地达成。

因此，本节我所讲到的“让目标每天‘壮大’一点点”有两方面的意思：一是每天最大限度地走近目标一些；一是随着环境的变化，将自己的目标不断地升级。

对于如何更快更好地实现目标，我曾经花了很长时间做了深入的调查与研究，特别是对一些名人的成功做了细致的分析，以此来提取一些好的方法和技巧。

在我做研究的过程中，有这样一位艺人对我影响比较深刻，我先不告诉你名字，在我讲故事的过程中你可以猜猜他是谁。

他出生在韩国的一个小镇上，有一个妹妹，母亲是邮政局的一名普通员工。因为家里比较贫穷，也只有他一个男人，所以，母亲对他寄予了很大的希望。

小时候，他是一个很不自信的孩子。有一次，学校组织游泳，但是他不敢向泳池边迈一步。母亲知道后，拖着生病的身体将他带到了河边，让他跳下去。他看着河里的水胆怯地说："我没有学过游泳啊！我不敢。"母亲说："孩子，很多时候一个人无法成功就是因为他缺乏应有的勇气，我也没有学过游泳，但是我会在此时学会。"说着母亲脱了鞋子跳进了水中，尽管母亲跳下去后呛了几口水，但最后还是飘了起来。

走上岸后，母亲问他："孩子，你的目标是什么？"

他坚定地说："我的目标就是考上大学，找一个好工作。"

听了这话，母亲用温暖的语气说："既然你有这么明确的目标，那么以后你要让你的目标每天壮大一点点。"

这时，他含着眼泪坚定地点了点头。之后的他为了心中的目标而每天努力着。

后来，他和几个同学去漂流，途中遇到了暴雨，激流的河水改变了他们的漂流路线，把他们冲到了一条未知的河道中，而在不远处便是屹立在河道中的乱石。几个同学都被吓哭了，唯独他沉着冷静地操纵着船桨，安全地脱离危险。事后有同学问他："当时你害怕吗？"

他回答说："我不害怕，因为我有目标还没有完成。"那一年，他考上了大学。

后来，他认识了"JYP 经纪公司"领导者，同时也是音乐资深制作人的朴轸泳，这也意味着他将有一个好的工作。他第一时间把此消息告诉了母亲，母亲问他："你现在的目标是什么？"

他说："我要做全亚洲顶尖的艺人。"母亲听到了他壮大的目标，但是最终没有亲眼看到他的辉煌，因为不久母亲去世了。

母亲的去世给了他很大的打击，但是他每天都在为心中的目标努力着，并在实现后不断壮大着。

2002 年，他推出了一张个人专辑，几乎包揽了全韩国媒体所有新人奖项，之后他开始亚洲巡回演出，之后又获得了总统勋章……

他就是很多年轻人心中的天王 RAIN。

尽管我和此人不在一个领域，对娱乐圈也不是多么感兴趣，但是在研究此课题时，我认识到了 RAIN 的伟大，并记住了他。因为他坚持让自己的目标一天天壮大，所以他成功了。

问题解析

我们可以看到，RAIN 最早的目标只不过是考上大学，找一份好工作。但随着时间的推移，随着自身的完美，原先的目标已经不能够满足他心中的渴求，于是，他一次次地将心中的目标升级壮大。与此同时，他个人也越来越成功壮大，这便是不断将目标升级的优势。

此外，我在这里需要强调的是，目标尽管有时候是一个变量，但是必须将其升级，而不是降级。即使你在实现目标的过程中遇到了困难、挫折，或者市场发生了消极的变化，你也不能够将目标降级。

就一个目标如何实现来说，只要你可以每一天都有所积累，这个积累朝着一个方向，一个可以帮助自己前进的方向，那么你就从心底知道你的未来的保障。

一个明确的目标计划是一个人成熟的标志。

你必须深知你的目标进程，每天都需要积累，时间越久，累积越大。这个时候，实现目标就指日可待了。

深入解惑

我有一个朋友，是北京某信息技术有限公司的首席执行官，也是跻身年度十大创业者的新锐，25 岁即身家过亿。

他在和我谈到他的成功时说：“我的成功铁律就是有计划有目的地将目标实现。我每周工作 6 天，每天工作超过 12 个小时，每天将我的目标高速向前推进。这看似很简单，但是有些人却难以做到。因为我做到了，所以我成功了。”

不错，他的成功就在于他把目标一天天地“壮大”，而且是每天坚持不懈。在我们身边，总有一些人怨天尤人，看见别人成功了，自己再努力也似乎看不到离目标越来越近的迹象，总觉得上天对自己不公平。可是你有没有想到过，你有清晰的目标吗？你让你的目标每天都在壮大吗？

（1）每天坚持推进目标

清晰的目标需要有序地完成，不要笼统地为了达到目标而达到目标，每天坚持多做一点点，你就会比别人进一步多一点，升职加薪的机会也会多一点，最重要的是会离目标会更近一点。记住，你需要做的是每天坚持。

（2）适时升级目标

经过你的努力后，当你离目标越来越近或者即将成功的时候，不妨升级自己的目标，将目标定得更长远、更壮大一些。这样，一方面你会更容易冲刺到之前的目标；一方面你将会有更大的动力与激情实现新的目标。

5. 正确的定位激发心中力量

世界首富比尔·盖茨的管理学教练，美国著名成功学、潜能激发大师博恩·崔西说：“你给自己的定位是你能力唯一真正的限制。”举一个例子，对于一个非常贫穷的人来说，让他在3天内筹集15万元是不是会有一定难度呢？答案是肯定的。但是，如果他的父母或者最亲的人生病了，让他在3天之内筹集15万元来治病，否则生命就会结束，他能筹到吗？相信很多人的回答都是肯定的。这就是因为不同的定位而激发心中不同的力量。

我们一直认为，一个懒惰的人是做不好的销售的，一个贪图享乐的人是做不出业绩的，一个自以为是、不思进取的人是没有前途的。也许你的沟通能力有所欠缺，也许你没有别人聪明，也许你的人脉没有别人多，但是你有和其他人一样多的时间。因此，你能够超越他人、做出更好业绩的最好方法就是，在相同的时间内创造出多于他人的价值。将这个方法继续细化，就是说你在有限的时间内做什么事情就决定了你能否成功，这就需要你有明确的目标。能否在相同的时间内创造出多于他人的价值就取决于做事情的力量。这种力量从哪里来呢？

很久很久以前，在一个茂密的森林里，一只鸟妈妈孵化出了三只小鸟。鸟妈妈对这三个孩子照顾得非常细心，每天，它们都能从鸟妈妈那里得到足够的食物来填饱肚子。它们快乐地成长着，不久便羽翼丰满。

三只小鸟长大了，心胸也开阔了很多，它们向往蓝天，向往自由，憧憬着未来美好的生活。终于有一天，经过鸟妈妈的同意，它们飞出了巢穴，一起寻找成家立业的位置。

它们飞过了一座座高山，飞过了一条条河流和一片片树林，最后落在了一座小山上。一只鸟落在一棵树上，看着眼前美好的风景说："这里真好，真高。你们看，那成群的鸡鸭牛羊，甚至大名鼎鼎的千里马都在羡慕地向我仰望呢。能够生活在这里，我们应该满足了。"

这只小鸟决定停留在这里，不再继续前行。

另外两只小鸟无奈地摇摇头说："既然你已经满足了，觉得这里不错，那你就留在这里，我们还想去更高更远的地方看看，那里有更美的风景等着我们。"

于是，这两只小鸟继续它们的旅程。在旅途中，它们经历了风风雨雨，艰难险阻，而它们的翅膀也变得更加强壮，爪子变得更加有力。终于，它们飞到了一座很高的山上，在这座山上，它们能够摸到天上五彩斑斓的云彩。其中一只小鸟面对这一切陶醉了，不禁唱起了快乐的歌曲，高兴地说："我不想再飞了，这辈子能飞上云端，便是伟大的成就了，你不觉得已经十分了不起了吗？"

另一只小鸟听到同伴不想飞了，有些难过也有些无奈，它抬头看了看更远更高的地方，坚定地说："我相信这里不是最好的风景，远处一定还有更好更美的风景在等着我。很遗憾，我只能一个人去追求我的目标了。"

说完，这只小鸟振翅翱翔，向更高更远的地方飞去，向着太阳飞去……

若干年后，停留在树上的那只小鸟变成了麻雀；停留在高山上被五彩斑斓的云彩吸引的小鸟变成了大雁；飞向太阳的那只小鸟变成了雄鹰。

问题解析

这虽然是一个童话故事，不能与现实进行对比。但是，从中完全可以说明这样一个道理：**一个人对自己不同的定位可以激发心中不同的力量。**

其实，一个人在追逐目标的过程中，和以上案例中鸟的飞翔是一样的道理。你过去怎么样，现在怎么样，这些都不重要，重要的是面对现在的目标，你把自己放在了什么位置。你仅仅是为了眼前的目标而努力呢，还是为了更长远的目标在努力？不同的定位会产生不同的心态，不同的心态会激发出心中不同的力量。

因此，定位不准确或者错误的人，目标也许能够实现，但是他们在实现目标之后，就再也没有前行的力量与信心，他们会再次永久地停留。也就是我前面讲到的，他们是为了实现目标而实现目标，他们的一生也许就只能定格于此。而为自己准确定位的人却大不相同，他们认为自己就是一个强者，眼前不可思议的目标只是他人生成长的一个过程，而非终点。为此，他们在实现目标之后，反而会激发心中更大的力量前行，重新定位自己，寻找更远更大的成功。这就是故事中最后变成雄鹰的第三只鸟。

深入解惑

如果你已经有了孩子，那我们来说一个当下孩子在学校学习的现象，相信会引起你的共鸣。其实对于大多数孩子来说，他们的智商是相差无几的，到了学校，他们从同一个起跑线开始，多年之后，正常情况下应该不会有太大的差别。可是我们看到的是，他们出现了天壤之别。有的信心十足地继续奔跑着，成绩优秀；有的孩子却疲惫不堪，没有了学习的斗志。当然，出现这种情况与孩子的学习、生活环境有一定的关系。但是我认为，主要原因在于老师、家长对于孩子们的正确引导与定位。

(1) 高定位，高执行，成功只是时间问题

在我刚刚进入培训行业的时候，认识了一位心灵讲师，那时的他只有22岁，讲课激情澎湃，很有热情，工作中进取心很强。在一次演讲中，有一位学员问他："既然你这么有进取心，为什么不是世界第一的讲师呢?"

不管学员是出于好奇还是故意难为，他当时感到非常尴尬，但是就在那个时候，他重新给自己定位，他要成为世界第一的讲师。此后，他心中充满了力量，工作日程比以前多了一倍；学习资料经过挑选再挑选；交际应酬压缩再压缩，就连吃饭时间也用分钟来计算。看到他突然变得这么积极努力，我问他："你怎么了，不要命了，是不是着魔了?"他严肃地说："我要成为世界第一的讲师。"

虽然现在他还没有成为世界第一，但是从他浑身的力量我可以感觉到，他能够成为世界第一，这只不过是时间问题。

(2) 手握"定位器"，随时做调整

目标定位不是一经制订就不可更改的，没有板上钉钉，钉了也可以拔出来，把间距扩大，或增加密度。要知道，人一步登不了天，一个个小的定位、分支就像一个个阶梯，借此我们才能爬得更高，触到更美好的风景。

6. 制定目标成长"路线图"

我准备超越的美国亿万富翁制造机、全球第一畅销书《心灵鸡汤》作者、创造梦想的实践家、演讲身价高居全球第五的专业演说家马克·汉森说："小心写下你的目标，因为它一不小心马上就可能实现。目标一定要写下来，因为写下来的目标就会产生神奇的力量。"

这里我需要进一步补充的是，目标不但要写下来，而且要制定它的成长路线图，让目标在自己的计划内有序地长大。

目标确定了，就必须确定实现目标的相关细节。比如你今年的目标销售额是100万，那么这100万如何完成，采用什么样的方式，哪个阶段完成多少等这些相关细节都需要明确。也就是说，即使你有明确的目标，但是没有明确细节，那么，你这个目标就没有任何的现实意义。因为，对于任何一个执行计划来说，没有规定的细节目标就如同云里雾里的幻想，只

能想想而已，真正实现起来就会变得非常困难。

比如你想购买一台50万的汽车去公路上吹风，这就是你的目标，现在我们去实现它。首先，你有50万吗？如果没有，那么，你需要先赚够50万元，实现这个小目标。其次，你有驾照吗？如果没有，那么，你需要先考一个驾照，实现这个小目标。当这些小目标实现之后，你就可以开着50万的汽车在公路上吹风了。显然，实现这个目标，需要一个有序的规划，而且如果你的规划更加周密完善的话，这个目标会更快实现。

曾经我有几次培训会，学员们听了我讲的内容后热情高涨，个个看起来像是打了鸡血一样，信心百倍。有的说今年要完成100万的销售额；有的说半年之内一定要买一套房子；有的说一个月之内一定买车子，等等，总之都为自己定下了宏伟的目标。听到学员们对自己这么有信心，我当然非常高兴。于是我问其中一个说一年之内完成100万销售额的学员："听到你的目标我很高兴，我想问这100万的销售额你想好怎么去完成了吗?"

该学员听了我的问题愣了一下，随后弱弱地说："没有。"

这就是问题，没有计划好如何去实现目标，你制定目标有什么用呢？这不是吹牛、说大话吗？这不是自欺欺人吗？

对此，我马上为他们免费增加了一个课时，专门讲制定目标成长的"路线图"。就是因为我临时免费加的这堂课，那次培训取得了良好的效果，得到了所有学员的充分肯定。

我有一个习惯是多年一直坚持的，这在前面已经提到过，就是对培训过的学员随意选择一些进行跟踪，检验培训效果。那一次也没有例外。通过我的跟踪分析，他们在会场制定的目标大多都完成了。当然，也有一些学员的目标延期了一个月或两个月才实现。为此，作为一名培训师，我感到非常的欣慰。

到现在，还有那次培训的学员给我打电话，询问我什么时候去他们企业讲课，下一次讲课是哪个城市，以便他们去听课。当然，还有一些人向我咨询制定目标成长的要领。

问题解析

从以上的案例我们可以看出，为了高效地实现目标，我们需要用可以度量的清晰的步骤来表达。所有人都明白，梦想之所以会有让人迷恋的魅力，主要原因在于虚幻。在梦幻世界里，我们可以随意遐想，可以天马行空。但是一个人奋斗的目标应该属于现实的世界，需要有一定的可操作性，更重要的是，它要清晰且能够测量。因为这样，你才能在实现目标的过程中很好地操控，明确你的目标进行到了哪一步。

通过以上的分析，为了能够更好地实现目标，我们必须要为实现目标的过程制定一个“路线图”，也就是实现目标的步骤。当下很多人都在讲人一定要有目标，要有理想，但却忽视了实现目标的步骤。这就是面对相同的目标，有些人成功了，而有些人却一直未能成功的主要原因。

深入解惑

相信现在你已经明白了制定实现目标“路线图”的重要性，接下来我们来探讨一下制定目标成长“路线图”的方法和注意事项。

(1) 如何制定目标“路线图”

①分解目标

不管你的目标是不可思议的，还是近期就可以完成的，你都需要分解它，然后逐个击破。这样做的优势有二：一方面有助于你清晰地看到实现目标的进度；一方面在你每实现一个小目标后，能够获得成就感，从而激发更大的能量去实现下一个目标。

②目标排序

目标分解之后，面对每个小目标你要进行排序，先做哪个，然后做哪个，分出先后顺序。排序要以实现目标的高效率、高质量为原则。

③跟踪总结目标进展

在实现目标的过程中，要定期或者不定期地对目标的进度进行总结跟踪。在实现一个小目标后总结经验，再次确定与总目标的距离，分析身边的环境，看看是否有调整接下来的路线、让目标更容易成功的必要。

比如你是一名销售员，这个月为自己制定的销售目标是 30 万，每 10 天需要完成 10 万。当你第 10 天完成 10 万之后，分析一下市场环境是否有新的变化。如果你发现市场严重缺货，或者市场价格发生了动荡，这时你是否可以根据具体情况对接下来的20天原计划进行调整，以便能够更快地实现目标或者超越目标。

(2) 你的目标“路线图”应该注意什么

①注重细节

大家都说“细节决定成败”。在制定目标“路线图”的过程中，细节是必须要注意的一个因素。这一点经常会被人过于注重大目标而忽略。然而，细节才是决定事情成败的关键因素。在目标成长“路线图”中，每一个点都要想到，尤其是可能会发生的负面因素，你需要提前做好应对预案。

②定期自我检查

自我检查是一个自律的过程，一方面为了让目标有序或者更加高效地完成；一方面是为了激励自己，让自己保持或者更多地激发心中的能量。比如你计划10天完成的目标，到了第5天却没有任何动静，这时你要结合当前的情况进行深入的自我检查，然后调整心态或者重新规划。

7. 相信你能，你就无所不能

人的一生有很多这样或那样的奇迹，有些看似万万不可能的事情，最后却还是做到了。这其中的差别，大多在于个人非凡的信念。

综观你身边的成功人士，他们为什么会取得优秀的业绩？为什么那么成功？在与他们聊天的过程中，你必然会感受到他们面对目标有很强烈的进取心，这便是信念的一种体现，它是战胜困难的火把。

关于这一点，我便是一个活生生的例子。了解我的人都知道，我的成长道路并不是非常平坦，经历了很多磨难，但今天我还是成功了，并且正在朝着更大的成功进发。如果你听过我的课程，你一定能够感受到我身上的那种强烈的向往成功的欲望。很多人问我：为什么你会有这样强烈的向往成功的欲望？为什么面对目标你总是能够成功？因为我始终相信我能，所以我就会变得无所不能。

也许你听我这样说会感觉到难以置信，请不要怀疑，这不是魔术，事情确实会这样。不信你可以试试，或者在我的课程中亲自感受一番。

在我的很多课程中，我经常会讲这样一个故事。

国外有一个男孩，他身体很瘦弱，并且天生胆小。家里来陌生人，他总会不自觉地露出惊恐的表情。在学校，每次被老师叫起来背诵课文时，站在座位上的他总是会紧张得发抖，就连说话也是断断续续，含糊不清。

面对这种情况，大多数孩子通常都会拒绝参加任何活动，表现出不喜欢交朋友、远离人群的倾向。也就是我们常说的自闭症。

然而，这位男孩却没有像大多数孩子这样想，他虽然容易紧张，天生胆小，但是他知道，只要努力克服，一切都会得到改变。尽管学校里有很多同学嘲笑他，但是他并没有在意。对因为老师提问而紧张颤抖的嘴唇，他后来坚定地说："只要我用力地咬紧牙床，阻止它们颤动，不久我就能克服紧张的情绪了！"

这个男孩当时虽然年纪很小，但是他每天都会坚定地告诉自己："我相信我自己，我一定会成为一个坚强的人！"

在其他孩子参加体育活动的时候，不管自己瘦小的身体能否承受，他都会义无反顾地强迫自己参加。那时，每个人都可以从他的眼神中看到坚定的想要成功的决心。当他的内心产生恐惧时，他会对自己说："我一定行！"

就这样，因为他不屈不挠的精神，这个男孩慢慢地克服了恐惧，勇于面对任何困难，也克服了自身的弱点，并且开始喜欢上了交朋友。为了让自己的身体更加强壮，高中时候的他每天坚持体能训练，随后他的身体也变得壮实起来。

他凭着"我相信我自己，我一定能够成为一个坚强的人"的信念，克服了身体上天生的所有问题，并在后来的生活、事业中，一直坚持这个理念，攻克了一个又一个困难，实现了一个又一个目标。他就是美国第 32 任总统富兰克林·德拉诺·罗斯福。

问题解析

成功与失败往往在于一念之差，如富兰克林·德拉诺·罗斯福，如果当时他和很多自闭的孩子一样，不相信自己能够改变，任其发展，那么最后他就不会成为一个成功的人，不会实现他的人生目标，更不会成为美国第32任总统。

在我培训的一些学员当中，经常会有一些遇到困难、挫折垂头丧气，或者因为自己的缺陷而自怨自怜的人，他们身上有一个共同的特点，就是不相信自己能，因此在做事情的时候会变得唯唯诺诺、瞻前顾后、担惊受怕，没有做事的魄力。如果是这样，他们能成功吗？显然不能。

俗话说："困难如弹簧，你强它就弱。"事实确实如此，任何的困难和目标在你面前只是一个"死"的东西，在不改变现状的情况下，它是不会轻易发生改变的。而人是可以改变的。从物理学的角度分析，一个是变量，一个是定量。增加变量，必然会让定量向动量倾斜，这样，你是不是就可以轻易地将目标、困难拿起呢？

深入解惑

很喜欢影片《阿甘正传》，并且是百看不厌。因为阿甘那种充满自信的精神一直让我敬佩。这里我们暂且不讨论一个人是否应该从小培养像富兰克林·德拉诺·罗斯福一样的精神。一个人到了20岁以后，就必须要做到时刻相信自己。不要认为是别人放弃了你，而是你先放弃了自己；不要以为是困难挡住了你，而是面对困难你胆怯了；不要认为目标无法实现，那是因为你不相信自己能够达到目标。相信自己是战胜一切困难挫折、实现一切目标的动力源泉，不相信自己的人永远找不到成功的理由，因为他的一只脚始终在失败的坟墓当中。

有一句广告语是这样说的："相信自己，力量在心中。"没错，只要你能够相信自己，你就一定能行，梦想就一定会实现。无论在任何情况下，靠自己的力量改变自己的命运，自强不息地改变自己、相信自己是最好的方法。

此外，我们还可以从另一个角度分析，军事战略上有句话叫："两军相遇智者胜。"我们知道，你所制定的目标，面对的困难挫折是没有智慧的，而你是一个有智慧的人。这样把两者放在一起对比，谁会更加强大呢？

毫无疑问，当然是你，但是你需要运用好你的智慧。所以，我们只有改变想法，才能改变自己的人生，让目标加速，让事业腾飞。每个人应该像月亮一样，不管它是完美的圆还是遗憾的缺，晚上它都能够发出照亮黑夜的光芒。我们也应该如此，不管你现在面对的困难有多么大，你的销售任务有多么重，你自身的缺点有多么多，你都应该相信自己能，自己必将无所不能。

答一答

现在起，跟着目标一起成长

1. 你的梦想是什么？
2. 你的个人成长规划是什么？
3. 你现在从事的是什么行业？
4. 你现在是否确定了你在本行业的目标？
5. 你在本行业的目标是什么？
6. 目标是否显得不可思议？
7. 你实现该目标的规划是什么？
8. 是否为自己制定了实现目标的路线？
9. 是否准备了应对困难的预案？
10. 你相信自己能实现目标吗？
11. 实现当前目标后，你的下一个目标是什么？

根据自己的真实情况，如实填写以上内容，如果没有，则写无。然后根据本章的内容进行客观分析，你就可以知道自己目标达成度的强弱。最后，对你原来的答案进行修正和调整，确保你的目标百分之百达成。

第三章

激发欲望——做自己的“造梦师”

在当今社会，大多数人都是在平庸中度过的，他们每天勤勤恳恳，上班从不迟到早退，一年到头也很少请假，和上级、同事的关系非常和睦，但他们只是扮演着无足轻重的角色。他们缺少的到底是什么？成功者有没有相同的秘诀？小人物注定不能有大梦想吗？

1. 成功者心里都住着一个“野心”

在20世纪80年代，如果有人说你有很大的雄心，这说明对方在夸你，说你是一个有理想有抱负的人；而如果有人说你有野心，这似乎是在骂你，说你不安分，占有欲很强，要抢夺别人的东西似的。

自古以来，“野心”就被人们定义为贬义词。而它在《新华词典》里的解释是：对领土、权力或名利的大而非分的欲望。

如果从道德的角度分析，的确有贬义的意味。但是如果从追求目标、向往成功的角度分析，它还是一种贬义词吗？

对于今天我们每一个追求成功的人来说，它应该成为一个褒义词。一个人要想取得成功，就必须要有“野心”，这是成功的最关键因素。

有句俗语说：“吃着碗里的，瞧着锅里的。”如果他的意思是说你做某事不专心的话，那么你需要改正。如果他说你野心勃勃的话，那么，我觉得你应该有这种心态，因为这是向往更大成功的一种表现。

在法国，有一位亿万富翁得了一种无法治愈的病，即将去世，因为没有儿女，所以他发愁自己的钱该怎么处理。用小沈阳的经典台词来说就是："人死了，钱没花了。"面对这么多钱该怎么办呢？

这位富翁就想：我曾经是一个穷人，经过努力奋斗成为富人，不如把自己的财富留给和我一样的人吧。于是，他立下了这样一个遗嘱："在这个世界上，谁若能够猜出穷人最缺少的是什么，我就将自己所有的财产100万法郎赠送给谁。"并把答案写在了遗嘱中，亲自进行了密封，还请律师进行了公证。次日，世界各大媒体刊登了此消息。公布答案的时间是该富翁去世的一周年纪念日。

消息一经公布，很快收到了来自世界各地的48561封信，信中全是对该问题的解答。当然，答案也是五花八门，无奇不有。

有些人认为穷人最缺的是金钱，简直是废话，穷人之所以成为穷人，最大的原因不就是没有钱嘛；有些人认为穷人最缺的是机会，客观分析，对于有些"千里马"来说，确实缺的就是遇见"伯乐"的机会，因此，该答案有一定的道理；有些人说穷人最缺的就是技能，这也是情理之中；还有一些人说穷人最缺的是帮助和关爱，是漂亮的外表，是名牌衣服，是总统的职位，等等。总之，答案千奇百怪，我在这里也就不一一分析了。

一年很快过去了，在这位富翁去世的周年纪念日，他的律师在相关公证部门的监督下、在相关媒体的报道现场打开了富翁的遗嘱，每一个人对这一刻都非常期待，因为穷人想找到成为富人的方法，富人想用该方法成为更富有的人。此外，如果自己的答案正确，还能够免费得到一笔巨大财富。

律师打开遗嘱，严肃地读道："穷人最缺的是，成为富人的野心。"

这让所有人都感到非常意外。而更让他们意外的是，在所有的答案中，只有一位9岁的女孩猜对了。为此，媒体对其进行了采访，问她为什么认为穷人最缺少的是野心。她回答道："每次，我姐姐把她11岁的男朋友带回家时，总是警告我说不要有野心！不要有野心！于是我想，也许野心可以让人得到自己想得到的东西。"

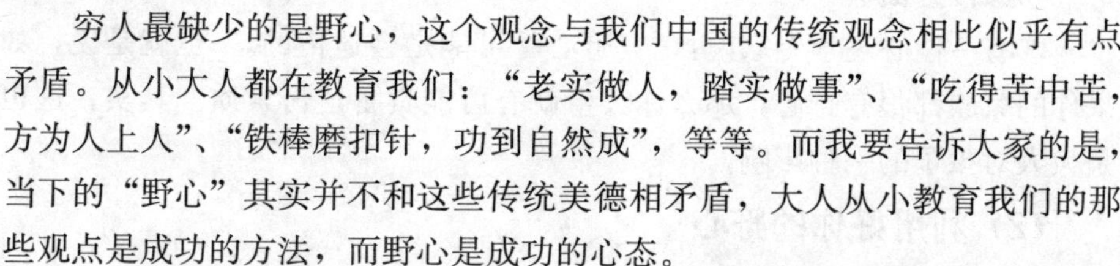

问题解析

穷人最缺少的是野心，这个观念与我们中国的传统观念相比似乎有点矛盾。从小大人都在教育我们："老实做人，踏实做事"、"吃得苦中苦，方为人上人"、"铁棒磨扣针，功到自然成"，等等。而我要告诉大家的是，当下的"野心"其实并不和这些传统美德相矛盾，大人从小教育我们的那些观点是成功的方法，而野心是成功的心态。

没有野心，就没有目标；没有目标，就会迷失自己人生的方向，那么，就无法确定是否会成功。

野心是一种走向成功的美德。美国诗人爱默生说："没有抱负，你将无所追求。不努力工作，你将一事无成。成功不会自动送到你手上，而需要你去努力赢得它。"

联想集团创始人柳传志，想必我们都非常熟悉，他是一个有野心的人，并且他将自己的野心融入到联想公司的文化理念中，成为公司锐意进取、勇往直前的正能量。

深入解惑

前面我们一直在讲，一个人要取得最大的成功需要具有野心，但是我们不要忘记事物都有两面性，物极必反。一个人需要有野心，但是不能够让野心迷失双眼，更不能让野心带着你走，否则你走向的将是地狱或者悬崖。下面，我将从两个方面对一个人的野心进行深入的解读。

（1）野心从何而来

①家庭环境

一个生活在穷人家的孩子，因为从小对生存的担忧，可能会产生"野心"。很多从农村出来、白手起家的成功企业家就是最好的例子。一个生活在富人家的孩子，因为从小很多东西容易得到，所以容易产生懒惰、随意挥霍的思想，野心也就无从谈起。因此，从家庭环境对野心的影响，我们可以明白以后应该抱有什么样的生活态度。

②社会环境

"近朱者赤，近墨者黑。"你长期和什么样的人打交道，就会变成什么样的人。如果在工作中你总是和一些有野心的人打交道，那么，你就会不由自主地对自己的事业产生一些积极的想法；而如果你总是和一些没有思想、得过且过的人在一起，那么你必然也会变得毫无斗志，碌碌无为。

③遗传方面

曾有一位心理学专家说："'野心'可能是会遗传的。"也就是说，如果你的家族都很有野心，那么你天生就有可能具备这份素质。其实，这也是大人对孩子的一种影响。

(2) 利用好你的野心

①不以"野心"损人利己

不要用你的"野心"挖他人墙角，你需要把它控制在道德和法律的范围内，否则你的"野心"将会让你失败。懂得控制它，并对其进行引导，这样你才会成为有"野心"的英雄，而不是罪人。

②选一个适合自己的野心

"野心"有大有小。研究表明，"野心"过大，会造成严重的心理负担。因为在不能实现心中的欲望时，便会产生焦虑、暴躁、敌意、对抗的情绪，从而影响人际关系。因此，野心要以自身情况而定，不宜过大，也不宜过小，适合自己的才是最好的。

总之，"野心"是没有界限的，我们需要把它调整在一个适度的范围之内，充分发挥它的积极性。既能促使自己走向成功，又能不伤害他人利益。对"野心"有节制却又不泯灭，这样你就会成为商业领袖。

2. 吸引力法则：欲望对成功产生的强大吸引力

时间可以让人忘却很多东西，包括欲望。我觉得一个人什么都可以没有，但唯独不能没有欲望。有位哲人说过："激情是人生的灵魂。"而没有欲望就没有激情，所以我认为，没有欲望的人也就没有灵魂。

在人们的眼里，成功只需要一个聪明的脑袋。但事实上，对于大多数成功者来讲，聪明并不是第一位的，更重要的是做事情的欲望。出类拔萃并非脑袋好使或者性格使然，除非你是一个天才。

欲望就像是一块巨大的磁铁，它的吸引力取决于欲望的大小。"如果没有欲望，你不会比对手做得更好。"美国成功学大师拿破仑·希尔认为，欲望是一种意识状态，能够鼓舞和激励一个人对工作采取行动，并对身边的人产生凝聚力。如果不是对工作充满激情，他不可能连续工作一天两夜而丝毫不觉得疲倦。因此，欲望并不是一个空洞的名词，也不可以简单地解析为一时的冲动，它是一种巨大的力量。

据相关研究发现，人的欲望是惊人的，它可以促使一个人创造奇迹，可左右一个人的成败、得失、健康，甚至生与死！可以说，拥有了欲望，你便拥有了一轮全新的太阳！

我的导师陈安之老师培训的学员有很多很多，但是有一位非洲的学员给我印象非常深刻，因为那一期我有幸和他一起接受了陈老师精神的洗礼。

这位非洲学员很有意思，由于他非常迫切地想听陈老师的课程，在走的时候居然忘记办理签证，到了中国却不能入境，除非回去办理签证。可如果回去，就算路上不耽误顺利办下签证，陈老师的课程也会错过。

面对这种情况，该怎么办呢？这位非洲学员想，就算是有一线希望他也不能够放弃。于是，他费了好大周折与陈老师取得了联系，并说明了情况。

陈老师听后备受感动，二话没说，马上联系他在非洲的一位朋友。这位朋友只是听过陈老师的课程，留下了联系方式和名字，并没有留下更多的信息。

可是陈老师想，不管怎么样，他一定要努力帮助这位非洲学员。他相信，只要自己付出百分百的努力，就一定能够成功。就这样，他带着必胜的欲望打通了非洲这位朋友的电话。

更不可思议的是，这位朋友正好是办理签证的工作人员。就这样，在陈老师朋友的帮助下，这位非洲学员顺利来到了陈老师的培训现场。

世界上很多事情看起来很困难，甚至几乎无法办到，可是，只要保持必胜的欲望，相信奇迹会出现，就能够把成功吸引过来。从另一个角度讲，这也是我们常提到的“吸引力法则”！

再给大家讲一个科学的案例。

哈佛大学曾做过一个著名的实验，在一群智力与年龄都相近的青年中进行一次关于实现人生目标的调查。结果发现：3%的人有十分清晰的长远目标，并且有强烈的欲望；10%的人也有十分清晰的目标，但是实现目标的欲望较为强烈；60%的人有清晰但比较短期的目标，实现目标的欲望一般；27%的人只有一些模糊的目标或者根本没有目标，几乎没有实现目标的欲望，抱着走一步看一步的心态。

25 年后，哈佛大学再次对他们做了跟踪调查，结果十分令人吃惊！

那 3%的人全部成了社会各界的精英、行业领袖；那 10%的人都是各专业各领域的成功人士，生活在社会的中上层，事业有成；那 60%的人大部分生活在社会中下层，胸无大志，事业平平；那 27%的人过得很不如意，工作不稳定，入不敷出，常常抱怨社会、抱怨政府，怨天尤人。

问题解析

有些人看似运气非常棒，似乎老天爷都在帮他；而有些人似乎天生命苦，干啥啥不行。面对同样的工作、同样的环境、同样的平台，有的人成功了，有的人“半死不活”甚至失败了，原因何在？

当下有句口头禅叫：“不是路不平，而是你不行。”这句话充分说明了一些人的心态，整天抱怨政府、抱怨社会，高喊着这不公平那不地道，可否静下心来想想自己的问题是什么，为什么会失败？

成功来自你的欲望度。你的欲望是你能力唯一真正的限制，而欲望度有时候来自过去的痛苦。人的成功就是来自逃离痛苦、追求快乐的欲望，问问自己，想要有多快乐呢？

因此，彻底放大你的痛苦，激发心中的欲望，深深挖掘你的潜能，成功就会悄悄地靠近你。

深入解惑

如果你没有资金或设备，若你用激情说服别人，还是有人会回应你的梦想的。欲望就是成功和成就的源泉。你的意志力、追求成功的欲望愈强烈，成功的概率就愈大。如果你有一个对成功欲望强大的领导、朋友，那我恭喜你，因为你不但有美好的现在，而且还有美好的将来！

（1）把欲望写下来，向宇宙下订单

为了从欲望的角度提升我的吸引力，曾经、现在对于一个要完成的目标，我都会把要完成的重要事情写在最清晰的位置。我相信，没有做不成功的事情，只有没有向往成功的人。实现目标和愿望最好的方法：把自己的梦想贴在任何自己能够看得见的地方，包括钱包、卧室的天花板、卫生间的镜子上面等。不要怀疑自己，从贴上去那一刻就预示着你马上会拥有。宇宙最伟大的能量就是“吸引力”，你贴梦想板等于向宇宙下了订单。接下来事情要做的事情就是：相信、坚持、接受！当你拥有的愿望实现时，你会开心地、兴奋地告诉自己：哇！哇！哇！不可思议，太容易了！真的太容易了……

所以，我请所有的朋友们把你自己的梦想写下来，贴上去，以此不断激发你的欲望。没有什么好怀疑的，去除内心的恐惧和担心，好好地去享受你行动的成果吧！

（2）激发欲望，就等同于激发潜能

激发人潜能的本质，应该是激发人向往成功的欲望。因为有了向往成功的欲望，他可以做世界第一！他就是比尔盖茨。

对优秀职业经理人来说，衡量他是不是能把这个企业做好，一个很重要的指标是：他是不是能把员工勇往直前的欲望激发出来，而且不只是100%，而是120%甚至更多地调动起来。

有些人是在寻找的过程中发现了欲望的重要性；有些人则是在追逐梦想的过程中不断提升自己向往成功的欲望。不管怎样，只要你有向往成功的欲望，随着它的强大，成功会慢慢向你靠近。

3. 欲——人体中最大的能量发源地

每个人心中都有一种强烈的欲望，只是表现方式、涉及的方面不同。

我来给大家举几个例子：

有些人性格内向，平时很少说话。但是，他特别喜欢某位明星，当有一天亲眼见到该明星并和其握手后，他会一反常态，惊声尖叫起来。他的能量来自哪里？

有些人特别执迷于音乐，尤其特别爱玩吉他。一般人可能弹两三个小时就会觉得累，但是他玩一天依然激情饱满。他的能量来自哪里？

有些人有很多钱，但是他并没有停下来，没有一刻休息。别人一天工作 8 个小时，而他每天工作 10 个小时甚至更多，时刻在为挣更多的钱而奔波，似乎身上永远都用不完的能量。他的能量来自哪里？

……

答案只有一个字，那就是——欲，是欲望让他们产生了巨大的能量。看到这里，有些人可能会问我，既然每个人都有强烈的欲望，而且欲望又能产生很大的能量，那么，为什么有些人还是很失败呢？

首先，要看他欲望发挥的方面。比如有些人对贩毒的欲望很强烈，而且以此挣了很多钱，我们当然不能说他是成功的。而有些人对事业的欲望很强烈，并由此成为了世界级的职业经理人，那么，他就是成功的。

其次，有些人之所以会平凡无奇，似乎没有什么欲望，是因为他没有发现自己的欲望，没有将自己的欲望挖掘出来，并用在有利于自己成功的道上，或者说是缺乏正确的欲望引导。

记得有一年回老家的时候，很多亲戚都来看我。有一位远房亲戚看我在外面做得不错，就托付我将他的儿子带着锻炼锻炼，长长见识。

亲戚家的这个孩子高中毕业之后就没有再上学，一直在家闲着，性格有些内向，不善于交际，有时候也会去附近找个零活干。

首先我和他进行了沟通。我问他想干什么，他说不知道。随后我给他提供了几个选择：去我朋友的公司做行政，去朋友的企业做销售等。可他露出担忧的表情对我说：“我怕我不行。”

我反问他：“你没有干怎么知道你不行呢？”

后来我将他带到了武汉，安排在朋友的一个企业里做销售，我想通过销售工作来锻炼他的交际、沟通等方面的能力。

大概过了一个月，我问朋友这孩子工作怎么样。我想，经过这么一段时间与客户沟通，相信他应该比以前好多了。谁知朋友告诉我，这段时间以来他一点业绩都没有，整天待在办公室里，朋友介绍客户让他去见，他却担心谈不好。

看到这种情况我急了，心想这样下去怎么给亲戚交代啊。最后，我将他带到身边，通过与他进一步的沟通，我发现了主要问题所在——他缺少一种欲望。

最后我决定，在我讲课的时候带着他，让他听我的课程，激发他心中的欲望。功夫不负有心人，在带着他听了六节课左右的时候，有一天他对我说：“我想做销售，还是做以前那份工作。”

我问他：“你考虑清楚了？”

他说：“我想好了，我十分确定，这次我一定会做出一个样子来。”

我说：“好，你明天就可以去上班了。”我立马给朋友打电话，让这个孩子去他的企业再试一个月，朋友爽快地答应了。我还向朋友承诺，如果一个月没有任何业绩，一分钱的工资也不要。

只要有向往成功的欲望，就一定能激发出心中无限的能量，一定会成功。还不到一个月的时候，朋友就打电话给我说：“老彭啊，你给孩子灌什么迷魂药了，他和以前简直是判若两人啊。不但工作积极，每天去外边跑客户，而且成交量也急剧上升。我看他这个月的业绩都要超过我们的老员工了。”

听到朋友这样的表扬，我心里暗喜。

问题解析

通过以上这个案例，我们有理由相信一个人最大的能量就发源于他的欲望。或许你觉得现在的地位是多么卑微，从事的工作是多么微不足道，

但是只要你能够像以上案例中我亲戚家的孩子一样，找到合适的方法，激发心中的欲望，并且将这种欲望转换成为能量，就一定会成功。

“欲”能够产生强大的力量，这是一个能够让人上瘾的东西，也许有一天你会觉得满足心中的欲望要比生命还要重要。试想一下，如果你心中的某个目标成为了你欲望的中心，那么你就会不顾生命地去努力达成，这样你难道不会成功吗?

欲望意味着累积和贪婪。愿望可以帮助我们走上有成就的道路，但是欲望却能成为更高层次的跳板。上帝对每一个人都是公平的。可能你不认同我的观点，但你有没有发现，社会中很多人都是在平庸中度过的，而且有些人并不懒散、好逸恶劳、好吃懒做。你甚至可以看到他们每天勤勤恳恳，上班从不迟到早退，一年很少请假，和上级、同事的关系相处得甚是和睦，但他们只是扮演着无足轻重的角色，为何?

不是他们不够努力，而是缺乏心中的内动力，也就是我这里所说的——欲。

深入解惑

下面，我们从人性的角度进一步分析一个人心中的“欲”。冷漠、恐惧和内疚，相信很多人曾经有过这样的情绪，这些情绪会让你变得毫无斗志。而当你摆脱这些情绪的时候，你会发现你开始有了欲望。欲望给你带来了能量，让你勇往直前。但是挫折、困难又让你产生了挫败感。如果让这种情绪顺其发展的话，你就会表现出愤怒、怨恨甚至是复仇的心理。这也是一种能量的表现。

但是这种欲望产生的能量与之前摆脱冷漠、恐惧时产生的能量属于两个极端，一个会带来是正面的结果，一个会带来负面的结果。

所以，“欲”是人体中最大能量的发源地这没有错，但是，我们需要让“欲”产生积极的能量。这样才能推动我们走向成功，而不是罪恶。

为了能够最大限度地激发我们心中的能量——欲，需要从以下几个方面进行：

为此，我曾经一直这样激励我自己，来产生正面能量。现将部分展示，希望能够对大家有所帮助：

(1) 寻找心中欲望的源泉

一个人在社会中大致有这样几方面的需要：生理需求、心理需求、归

属感、被尊重感和自我实现感。主要指温饱需求、被爱的需求、被人认可的需求、名利需求等。找到你现在最需要的需求，就找到了能够产生最大能量的欲望发源地。

(2) 愿望转化为欲

找到了自己最需要的需求，就等于找到了自己的愿望，它只是一个静态的元素，比如：我希望成功，希望非常富有，希望很有威望，希望很有成就，等等。而你要达到以上目的，就需要把它们转化为动态，即欲。将以上内容变为：我要成功，我要非常富有，我要很有威望，我要很有成就，等等，并且付诸行动。

(3) 强化心中的欲

在追求目标的过程中，你需要不断强化欲望，这样才能最大限度地将欲望的能量提升到最大值。比如当目标长时间没有达成而感到心中疲倦甚至无望的时候，你可以用回忆失败给你的羞辱、感受目标成功的美好滋味等方式来鞭策自己，不断强化心中的欲。

4. 小虾米一定要有鲨鱼梦

在我讲课的过程中，我经常会问学员这样三个问题：

"你小时候有什么梦想？"

"你现在依旧还有梦想吗？"

"你现在的梦想是什么？"

第一个问题通常都会得到肯定的回答，小时候都有梦想。第二个问题有极少数人的回答是否定的，也比较让我满意，因为这证明大部分人为了梦想，都在努力。第三个问题尽管大多数人都能够回答，但是结果却让我很失望，因为有些人的梦想小得实在可怜。

当然，我并不是说小梦想就一定不好，只是在一定程度上会制约一个人的成功与发展。来看一下几位名人曾经的梦想是什么：

美国汉堡大王："要让世界上所有的人都吃到麦当劳的汉堡。"

比尔盖茨："我要让世界上每个办公桌上的电脑用的都是 windows 系统。"

马云："我们要做一个 120 年的企业，要做世界级的大企业。"

也许他们在制定这个梦想的时候还没有成功，只是一个小小的虾米，没有取得一定的成绩，但是在我们今天看来，他们成功了。这就是小虾米要有一个鲨鱼梦的原因。

曾经有幸和阿里巴巴集团总裁马云同台演讲，私下我们聊了很多，对此人也有了较深入的了解。最重要的是，从他的创业成长史中，我看到了“小虾米一定要有鲨鱼梦”的重要性。下面我们来分享一下他的成功经历。

在马云创业初期，他一穷二白，没有资金、没有员工。20世纪90年代初期，他衣着整洁，一个人挨家挨户推广互联网。我们可以想象一下，在90年代，有人上门对你说互联网，并让你投资几万元你会怎么想！当时的互联网还是一个全新的事物，根本看不到未来的希望在哪，此外，当时的几万元可不是一笔小数目。对此，你肯定会说对方神经病、骗子。

而马云却非常执着地坚持了下来，并说：“我要带领中国进入互联网时代，而我的商业对商业网站，会是全球每年6.8兆亿进出口零售额主要入门网络。”这个梦想在当时看来是不是有点不可思议呢！

1998年的时候，经历了两次创业失败的马云带着团队去了一趟长城，有点散伙饭的意味，大家心情很沉重。其中一个人突然号啕大哭起来，并对着长城大喊：“为什么我们付出了那么多，得到的却是那么少！”

离开北京的前一天晚上，马云和团队在一个小酒馆里，当时天下着大雪，喝着喝着大家都哭了起来，并且很自然地合唱《真心英雄》。那时的场面该是何等凄凉与壮烈！

尽管面对一次一次的失败，马云并没有改变自己的梦想。虽然当时马云的阿里巴巴是只可怜的小虾米，但是最后这只小虾米却以自己无所畏惧的庞大梦想打动了《福克斯》。2000年7月出版的《福克斯》杂志全球版将马云作为封面人物报道，马云成为50年来第一位获此殊荣的中国企业家。

问题解析

很多人只是看到了马云辉煌的一面，而我更多看到他的艰辛与获得成功的理由。

有这样一句话曾经被多次拿来作为辩论的话题——不想当将军的士兵不是好士兵。这句话可以在拿破仑传记里找到诠释，相传在拿破仑提拔的26名元帅中，有24名出身平民。这样一来，拿破仑的每个士兵都坚信：自己的行军包中，就藏着一柄元帅权杖，只要自己努力，下一个被提拔的元帅就很有可能是自己。

这与我今天讲的“小虾米一定要有鲨鱼梦”有一定的关联。有人肯定会有这样的疑问：如果每个人都想着当将军，那军队不就乱套了吗？如果每一个人都做鲨鱼梦，是不是太轻浮，出现做事虎头蛇尾的情况呢？

这是一个非常尖锐的问题，也是解决小虾米是不是一定要有鲨鱼梦的根本问题。我想告诉大家的是，梦想一定要与行动相分离，你应该用梦想来规划、确定你的行动，而不能用行动规划你的梦想。就是说，你需要有当将军的梦想，但前提是你必须是一个优秀的士兵；你需要有一个鲨鱼梦，但前提是你必须是一个优秀的小虾米。

深入解惑

有些人觉得自己现在混得不好，目前也没有多大的本事，梦想定得太大了会让人笑话，会让人说成痴心妄想。这样的担心在大多数人身上都有，所以他们遵循的原则是：小人物就应该有小梦想。

而我要说的是，你也许现在是小人物，你也许现在没有多大的本事和发展，你觉得制定一个适合自己的梦想，这没有错。但是，我认为你还需要有一个大人物的梦想，这个梦想你不一定要在三五年内完成，但是你必须要有勇气建立它，并有决心完成它，把它放在你心中最高的位置。

如果你是一个小虾米，那么你必须具备一个鲨鱼梦，主要原因有以下几点：

（1）为你前进的方向掌舵

前面说过，这个“鲨鱼梦”不一定要你在三五年之内去实现，但是它可以指引你前进的方向。比如你现在是一个普通业务员，告诉自己将来一定要成为乔吉拉德。那么，在你实现当下一个个小目标的时候，在你做某些决策的时候，不会因此而“跑偏”。

(2) 时刻激发心中的欲望

“有梦想就有希望。”这是我们经常听到的一句话。时刻想想你的“鲨鱼梦”，想想你实现之后的成就与辉煌，你心中是不是会充满欲望，乃至非常冲动呢？如果是这样，那就对了。你需要用你的鲨鱼梦来激发你心中的欲望，这样你的梦想迟早有一天会成功。

(3) 激励心中的斗志

在你疲惫、无助的时候，在你遇到困难或者失败的时候，你该怎么办？是放弃，还是继续前行？在这个十字路口你可能会左右为难，你可能会思考好久。那么我告诉你，想想你的鲨鱼梦实现了没有，你心中的承诺兑现了没有。如果没有，你理所当然地应该选择继续，你应该拿勇士的勇气去实现它，因为你必将会成为一条鲨鱼。

5. 欲望，不单是“钱欲”

诚然，在当今这个很现实的社会，钱对于很多人来说是一种非常具有诱惑性的东西。但并不是每个人都是为了钱才会产生无比强大的成功欲望，或者说钱只是让自己产生欲望能量的元素之一。

一个人生活在这个复杂的社会中，追求应该有很多，除了钱欲，我们应该为自己设置更多的追求来多方面提升自己走向成功的欲望。比如“钱欲”，虽说是一个比较俗的话题，但是钱能够让我们过上优质的生活，因此对于有些人来说，这个欲望是有必要的。而对于有些人来说，“钱”并不能激发他们的欲望，他们心中有更为重要的东西。对于此类人，如果你要让他利用钱来激发心中的欲望，往往是办不到的。

此外，一个人仅仅拥有“钱欲”并不能让自己的“梦”完整，所以，我们还需要利用其他元素构造出自己其他的欲望，和“钱欲”一起共同激发出更多的能量，为自己的人生服务，为自己的成功买单。

《西游记》是我国的四大名著之一，里面的人物唐僧师徒我们都非常熟悉，下面我们来分析一下关于他们的故事。

唐僧凭什么做孙悟空的师父？没有火眼金睛，没有七十二般变化，更不会打妖精。比猪八戒不如，比沙僧不如，凭什么会是师父？徒弟跟着师父究竟学什么？

孙悟空无论能够多少变化，只是唐僧的一个跟班。他很有本事，一个跟头十万八千里，不过是回花果山。猪八戒，打不过就跑，见到好处就拿，不论被妖怪诱惑多少次，随后依然会被诱惑。沙僧是一个老实人，而且总是在调和其他三人的关系，而这样一个老实人身上似乎缺了一些东西。

纵观整个《西游记》，它给我们揭示：只有唐僧才可以带着师徒去西天取经，也只有唐僧才能够到达西天。这是什么原因呢？

在当下，很多人都非常有本事，但是他们的人生可以走多远？可以到达多高？

许多人一辈子最终只能够到达高老庄，结婚生子；有些则凭着感觉走，来来去去就喜欢自己的花果山。

这恰是欲望的差异。

唐僧和徒弟三人相比，确实没有什么大的本事，不能辨别妖怪，也不能打，但是他具备三人都不具备的要素——欲望。不管在旅途中遇到多大的困难，甚至在自己生命受到威胁时，他都没有妥协，没有放弃去西天取经的决心。这是欲望使然，而且必须是强大的欲望。产生这种欲望的源头就是他对佛祖真经的向往及渴求。

问题解析

有一段时间经常会接见到来自各地的拜师之人。拜师，各有目的，孙悟空为了感恩，猪八戒为了前程，总之是心中各有所求，这也是人之常情，我非常理解。

但是有些人还是被我谢绝了。其实不是他们不够好，不是条件欠缺，因为我知道，他们“到不了西天见不到佛祖”。因为他们有些人，没有向往成功的欲望，心中“妖魔”的杂念很多；有些人只有一个目的，那就是赚钱，对自己的发展没有正确的规划，对未来没有打算，缺乏我们这一行该有的职业信念。因此，他们是无法到达“西天”取得真经的。

但是有些人，他们很年轻，也没有什么积蓄，知道交不起费用，不过还是来了，来争取一下！最为关键的是，他们从很远的地方来，抱着很大的决心，心中充满了对成功的欲望，心中有很大的志向。比如有些人的目标是要成为全球顶级大师；有些是为了超越心中的某位“神”；有些要克服他自身现有的缺点，让自己完美成长。即便他们其中的一个目的也是让自己富有起来，但我认为他们的这种欲望是由多种“元素”激发的，因此，我认为他们一定会成功。

深入解惑

那一年，我收了一些自认为非常优秀的徒弟，带他们一起工作了半个月。在这个过程中，我觉得他们的状态非常好，而且我也非常肯定，他们将来一定会非常富有，而且这种富有是全方位的。

正如我前面所讲，因为他们向往成功的“欲望”不仅仅是建立在金钱之上，还有很多因素推动着自身能量的产生，比如抱负、目标、理想等。因此，他们在工作的过程中也表现得非常完美。因为他们在全方位地成长。

如果你并不是一个非常富有的人，那么在除了具有一定的“钱欲”之外，你还需要构建以下元素来完美你心中的欲望。

(1) 抱负

不管是穷人还是富人，一个人生活在这个世界上总是要有自己的抱负，不管是大还是小，是想拯救某个行业，还是只想为父母买一栋房子，或者要像我们伟大的周总理一样“为中华之崛起而读书”这样远大而崇高的抱负。这是一个成功者做人的根本。问问自己，你的抱负是什么？明确它，记住它，你是否心中会充满前行的欲望呢?

(2) 理想

所谓理想，就是你心中最大的愿望，将来一定要成为什么，获得什么，并且不定期地去回顾它，用来叮嘱自己。在还没有实现之前，你必须要用它来激发你心中的能量。

(3) 目标

这里所讲的目标不是理想，它是你近期想要做成的某件事情，是理想的组合体。当你完成当下目标之后，你需要继续完成下一个目标，直到理想实现。所以说，你的眼前必须时刻有目标，并把它作为产生你心中欲望的元素之一。

6. 挑起竞争的欲望

如果我说人的一生都生活在各种各样的竞争中，你一定不会反对。也许你已经深有体会，在学习的过程中，你要努力超过名次排在你前面的同学；在工作中，你要努力工作超越比你业绩好的同事；在情场中，你要战胜对手，夺得你喜欢的女子；在生意场上，你要打败竞争对手，立于不败之地，等等。

也就是说，只有通过竞争你才能安全地生存，或者更好地生存。在一个人事业成功的因素中，竞争意识的重要性不亚于才干。不幸的是，有一部分人似乎总觉得自己样样不如人，同时，也不喜欢靠竞争来满足自己的愿望。

说白了，就是这类人没有竞争的欲望，导致的结果就是他们安于现状，不思进取。一个人如果是这种状态，他要取得一定的成功显然是很难的。

我有一个朋友，他有自己的企业，专门生产、销售办公家具。有一天，朋友给我打电话，邀请我去他们工厂参观。我当然也非常高兴。

朋友带着我在工厂转了一圈。工厂生产有序，工人都在忙忙碌碌地干活，感觉挺好。晚上，朋友请我在一家当地颇有特色的酒店吃饭。我对于朋友的成就以及工厂的井然有序进行了肯定与赞扬，因为这都是我看见的事实。

本想朋友会微笑着说“哪里哪里！一般吧”、“多谢夸奖，以后还需要你老朋友多多照顾”以表示自己的谦虚。谁知，他并没有这样说，而是一副为难的样子说：“老兄啊，你看到的只是表面，其实工厂的生产有很大的问题，正想请教你呢。”

我忙问：“是什么问题，让你这样为难啊?”

朋友说：“在装配车间，工人总是无法完成额定任务，工作效率特别低，这大大影响了我后期的销售，真是愁人啊!”

我说：“您有没有采取什么措施呢?”

朋友说：“当然有啦，提高奖金、鼓励、许愿，甚至用‘完不成目标就开除他们’进行威胁，都不管用啊!”

我想了想说：“让我试试吧，不过你要答应我，向车间的员工介绍我是你新聘的副总。”

朋友答应了我的要求，第二天我和朋友一起来到了车间，并向员工介绍了我是该厂副总的身份。

装配车间的工作时间是两班倒，当时白班已经结束，夜班正要开始。我把正准备离开的白班组长叫过来问：“你们今天装配了多少件?”

白班组长说：“52件。”接着我把早已准备好的黑板放在车间醒目的位置，用粉笔在上面写了一个大大的“52”，告诉白班组长，以后每天装配的数量都要写在这个黑板上，并让他转告夜班组长，也要这样做。随后，我离开了车间。

第二天早上，我来到车间，看见我昨天写的那个“52”不见了，上面写着醒目的“54”。晚上我依然来到车间查看，原先的“54”变成了“60”。

随后，装配车间工人工作的效率越来越高，工人的工作激情也越来越高涨。朋友感到很不可思议，问我是怎么办到的。

我微笑着说：“是因为竞争的欲望。”

问题解析

不错，工人们之所以会自愿提高工作效率，就是因为我激发了他们竞

争的欲望。当晚班的工人看到我写在黑板上大大的"52"时，他们一定心里会想："我一定要超过52，这样才会被领导重视。"而当白班的工人看到黑板上的"54"时，他同样也会想："我一定要超过夜班的工作量。"这样，循环往复，周而复始，他们的竞争欲望便被我调动起来了。

这看似是一个关于如何管理企业的事情，但是对于我们个人的成长与发展来说却非常重要。对于一个单独的个体来说，竞争的欲望不能依靠他人的激发，而需要自己去挖掘，并让这个欲望膨胀。

你需要明白，竞争的欲望不是为了超越别人，而是为了让自己不断强大。

深入解惑

竞争的欲望会让一个人做出一些"出格"的事情，这里的出格当然是超乎自己想象的力量。如同你在赛场上和人比赛长跑，当看到对手超越你或者你处于不利位置的时候，你首先应该想到的是："我不比对方差，我一定要超越对方。"

再把这种竞争欲望平移到销售当中，面对多姿多彩的竞品，面对和你共同抢一个客户的对手，你不应该平平淡淡地向客户介绍你的产品，或者认为："只要我做得好，客户就一定会购买我的产品。"而是首先要拿出击败对手的欲望，拿出"产品当中，唯你独尊"的勇气。

那么，有什么样的方法可以快速而有效地激起我们内心的竞争欲望呢？

(1) 给自己找一个劲敌，用"落差"来刺激自己

就好像武侠小说中的"独孤求败"，他永远在找可以打败自己的人，因为只有这样，他才能用"胜的欲望"来维持自己的技艺，精湛自己的武艺，让自己永远走在上坡路上。

而在现实生活中，为自己找一个劲敌并非难事。然后只关注某个劲敌，他的业绩超过了自己多少，他有哪些方面做得比自己好，把这些落差总结出来，甚至可以写到纸上，贴到书桌前，天天警醒自己，刺激自己的神经，把身体内所有的"不服"都逼出来。

(2) 永远只和比你优秀的人比较

有一种说法叫"比上不足，比下有余"，如果人总是"比下"，和那些

生活不如自己、工作不如自己、业绩不如自己的人比较，他会觉得：我也不算差，比那谁强多了。

如此想法，便容易有知足、懒惰、安于现状之心，有了这样的心，便难再有与人竞争、乞求活得更好的欲望了。

生活不能总是止步不前，就好像赛跑，你跑在中间，觉得“我比后面的人快多了”，于是心理影响行为，你会由“冲刺加速”变成“保持匀速”，然后变为“放慢脚步，左观右看”，身边的人已悄然超越自己却浑然不知。

“比下”会觉得“我哪哪都还好”，“比上”会觉得“原来我哪哪都做得不够好”，两者相比，后者更容易激发人内心的“居危意识”。怕落于人后，就要付出更多的努力。

测一测

走进欲望工厂，发现不一样的自己

下面是15个单项选择题，A代表“非常赞同”，B代表“比较赞同”，C代表“不太赞同”，D代表“不赞同”。

1. 让你在生活愉快和富有两者之间做出一个选择，你通常都会选择生活快乐。

A　B　C　D

2. 领导给你一项工作，并告诉你非完成不可，不管压力和困难有多大，你都会努力去完成它。

A　B　C　D

3. 以成败论英雄，有时确实存在。

A　B　C　D

4. 不管是他人还是你自己犯的错误，你都会严厉批评或自责。

A　B　C　D

5. 名誉是非常重要的一件事情。

A　B　C　D

6. 在任何环境下，你的适应能力都非常强。

A　B　C　D

7. 你认定要做的事情，都会坚持到最后。

A　B　C　D

8. 一旦有人把你看成是做某件事情非常重要的人，你会非常高兴。

A　B　C　D

9. 你对奢侈品情有独钟，而且你觉得你有这个能力去享受它。

A　B　C　D

10. 对于一个非常好的项目，你会非常认真地对待。

A　B　C　D

11. 在工作中，你认为公司的成功比个人成功更加重要。

A　B　C　D

12. 你是一个做事谨慎的人，即使领导使劲催你，你也不愿草率工作。

A　B　C　D

13. 在别人正确表达你的意思时，你会确定别人是否能正确了解你。

A　B　C　D

14. 对于工作，你总是很积极，并热情饱满。

A　B　C　D

15. 在别人提出解决某问题的意见时，你会先进行良好的自我判断和整体策划。

A　B　C　D

答案及分值

1. A：0　B：1　C：2　D：3
2. A：3　B：2　C：1　D：0
3. A：2　B：3　C：1　D：0
4. A：1　B：3　C：2　D：0
5. A：3　B：2　C：1　D：0
6. A：3　B：2　C：1　D：0
7. A：3　B：2　C：1　D：0
8. A：3　B：2　C：1　D：0
9. A：3　B：2　C：1　D：0
10. A：3　B：2　C：1　D：0
11. A：3　B：2　C：1　D：0
12. A：3　B：2　C：1　D：0
13. A：3　B：2　C：1　D：0
14. A：3　B：2　C：1　D：0
15. A：3　B：2　C：1　D：0

评价结果

总分为0～15分，说明你向往成功欲望不强，但你更看重家庭生活的美满与精神生活的充实。

总分为16～30分，说明你向往成功的欲望较强，在事业与家庭之间，你会权衡利弊后作决定。

总分为31～45分，说明你向往成功的欲望强烈，对名利、金钱、权力很看重，野心勃勃。

第四章

坚持专注——坚持一秒，再坚持一秒

销售是一项回报高、风险也高的工作，我经常在业内遇到这样的人：有的刚入行一个月就不做了，转到其他领域；有的坚持了两三年，在遇到重大挫折后也选择了退出；有的坚持了很久，却始终没有长进，业绩和新来的销售人员相同。他们失败的原因究竟是什么呢?

1. 下一秒，成功便会花开叶散

下一秒会发生什么事？相信谁也不会知道，因为你我都不是神仙。但是对于这个问题，我心中的答案长久以来都非常地确定：我相信，下一秒我一定会成功。

向往成功是我从小就被点燃的一个动力，我从小就渴望成功，希望成为一个对社会、对国家有贡献的人。于是，我下定决心一定要好好读书，用心学习。可是，事与愿违，我只考上了一个中专，学的是会计统计电算化。开始的时候心情很是不好，觉得自己读中专没有出息，人家会看不起，将来的前程会一片渺茫，后来想：“既来之，则安之吧。”

虽然只考上中专，我还是安慰自己：“只要我努力，下一秒就一定成功。”

慢慢地，我迷上了看书，一有时间就奔学校图书馆“剋书”，主要是

《深圳青年》、《商界》、《经济学》、《市场学》之类的书刊。我心中悄然产生了一种念头：我要成功！我要成为一个商人，成为一个有名气的商人，成为一个对社会、对国家有贡献的商人！

为了这个目标，我一直在坚持等待着下一秒。如前面所讲，我坚信：下一秒，成功定会花开叶散。

对于我的经历，前面我已经提到过很多：我在北京做过保安，做过推销，卖过净水器，做过保险，做过生意，卖过保健品，开过轮船，等等。但让我最难忘的是2003年在中国一家知名的健康产品公司工作，从面试到上岗我都记得非常清楚。

那天我被录用到这家公司工作，第二天我来到这家公司接受培训。在会议室，人事经理给我们放了一张VCD。开始的时候我不是很认真，随后便找借口出去了。那时的我还比较浮躁，出去是为了到另外一家用人单位面试。面试完之后，我又赶了回来。巧的是那个片子还在播放，于是我静下心来非常投入地观看。

当我静下心来的时候，发现里面的讲说者讲得非常有激情，热情高昂，这一切深深震撼了我的心灵。从那一刻开始，我便在心里暗暗发誓也要成为像老师一样的人。于是，我当天就在书店买了老师的全套书籍，同时买了一部随身听，无时无刻不在听VCD以及CD里面的内容。我每天神采飞扬，情绪高涨，状态非常好。

同事们都觉得很奇怪。当很多人业绩不佳的时候，总是垂头丧气，消极一阵子。而我不管是成与败，业绩好与不好，状态总是那么好，似乎任何东西都影响不了我的情绪。

开始的时候，我只是看看书听听CD而已，后来我决定报名参加老师的课程。于是我就上网查，在某培训机构那里买到了一张贵宾席的门票，价值4500元。那一天是2003年6月19日，我记得非常清楚，因为那天我的思想被提升了。

我非常兴奋地走进了会场，坐在第一排，静静等候老师的出场。哇！老师终于出场了，身上穿白色西服，还与我们击掌问好。我心里特别激动！在两天的课程中我学习到无数宝贵的经验和方法，其中对我的成功有决定性的一句话是："成功者决不放弃，放弃者绝不成功。"

回来之后，我快速给我的团队分享这绝好的成功资讯和方法，同时我个人受益良多。我的表现得到了公司领导的认可和夸奖，我成为唯一快速提升为主管的新人，唯一快速提升分公司负责人的人，唯一得到总公司领导接见的人，唯一代表分公司发表演讲的经理。短短的两年时间，我进步非常大。

2005 年 8 月，我创办了自己的第一家公司——天健生物科技公司，主要产品是保健食品、功能性水机、远红外系列产品、医疗仪器等健康用品。当时，我公司的使命是：推动"有机生活"，保护人类健康；将健康、美丽、幸福和成功带给每一个人！

你可能看到今天的我非常成功，可是你肯定想不到我当时办公司是如何的艰难。资金、技术、生产、销售、人员等，几乎每个环节都曾经让我无力应对过，都给我出过很大很大的难题。当时的我为了解决各种问题，想尽了办法。记得有一次出现了资金问题，我想了自己能想到的所有方法还是无法解决。那天晚上，我一个人来到江边，买了一瓶啤酒，刚喝了一口就失声痛哭起来。那时的我想过放弃，但每每想到老师的教诲，我就会告诉自己："再坚持坚持吧！"

就这样我一步步走来，最终取得了不错的成绩。

问题解析

尽管我的成长道路是曲折的，但是在这曲折的道路上，我学会了坚持，懂得了只要你有足够的耐心去坚持，下一秒就是你花开叶散的时候。

每个人都需要坚定地守住一份执着。这样在大漠飞雪中，就算你是一个人，吞毡咽草，但你的脊梁永远是笔直、屹立不倒的。因为你相信，这是对你"苦其心志、劳其筋骨"的考验，只要你坚持走下去，就会看到花开的美景。

就如我的成功之路一样，缺少了那份坚持，也许我还是一名普通的送水工或者其他；缺少了那份专注，也许我将永远不会尝到成功的喜悦。坚持是一种高瞻远瞩的智慧，也是一种洞察未来后的自信。在一秒秒的等待之后，迎来的将是那如花般的成功笑靥。

深入解惑

一直很喜欢"成功一定有方法，失败一定有原因"这句话，因为我对此深有感触，很多人失败的一个重要原因就是缺少该有的坚持。相信我，也相信你，做好你自己，下一秒，成功一定会花开叶散。

（1）给自己一个信念支撑

下一秒，不是直白意义上的"再等一秒，只等一秒"，而是在产生失望、颓废、放弃的心理状态下，给自己一个信念，一个如嫩芽般富有生命力和希望的信念。

有些人因信念而活，有些人因信念而活得更好，有些人因信念而飞黄腾达，有些人因信念而登峰造极……而我们所急需的是：先用信念帮自己支撑下去，让自己不至于失去理智，做出错误的决策。

（2）下一秒之后，再等下一秒

一秒一秒地坚持，无数个一秒，就是长久的坚持，它收获的不仅仅是时间的累积，还有很多，比如：

- 经验的积累；
- 人脉的积累；
- 熬过市场的动荡与低迷；
- 市场认知度更深；
- 宣传面更广；
- 个人、产品都更加成熟。

如此等等，这些都是长久积累下生成的财富。当这些财富累积到一定的程度，你将告别自己的"三十年河西"，过上"三十年河东"的美好生活。

2. 坚持是一种积累

我曾经在保健品行业工作过 5 个年头，在那几年当中有过无数痛苦和磨难的记忆，然而更多的是健康、快乐还有幸福的感觉。但是我不把失败

和痛苦当作不幸，而是当作进步与成长的动力和人生的财富，并且这些财富会越积累越多。虽然现在我的事业一步步做起来了，可是我一点也不敢松懈和马虎。因为之前的得意忘形和放松让我吃了很多亏，也干过很多“傻事”。

一个杯子，你慢慢地往里面倒水，水会越来越多。而我的成功就好比这一个杯子。尽管遇到了很多困难和挫折，由于我坚持去解决，积累了很多经验，所以，我变得充实强大了。我想，这就是我进步的原因，也是我今天成功的理由。在前进的道路上，我没有在意自己的不足和周围人的想法，我一直在坚持自己的信念直到成功。

每个人成功的原因或者方式不一样。有的人成功比较快，有的人比较慢热。不管怎样，只要不放弃自己唯一有价值的理想和抱负，就一定会让自己有所提升。我从来不会在意别人比我更早地成功，因为我知道，别人5年能做成的事情，我花7年甚至10年来做，就一定会成功，这便是积累的力量。

记得在我刚懂事的时候，父母就已经给我做了“人生规划”，告诉我：“你将来一定要接班。”所谓接班就是“子承父业”。我爸爸是开船的，开了40多年。父母觉得这个工作不错，收入稳定，足以养活家人，所以，要我借此谋生。

那个时候父母一直给我灌输的思想是：要做一个安分守己的人，不要想太多，老老实实做一个“人”。在他们眼里，人自从出生以后好像注定了就要过着“上辈”安排好的生活。

可是我比较要强，没有听从父母的安排，一直坚持着自己的梦想和抱负，不要过已经“安排好的生活”，不要进入惯性思维的“圈子”。

虽然我选择了走自己的路，可是在这过程中遭遇了很多挫折和困难，大多数困难都是接二连三而来，几乎让我陷入了万丈深渊。这时，周围往往会响起以前经常听到的话：“说你不行吧，你偏要走走看。”“还是回来做自己能做的事情吧，不要再硬撑了，该服输就要服输。”

这个道理我非常懂，但是人要上山首先要下山，所以那段时间我“卧薪尝胆”，并彻底反省自己：失败的主要原因是什么，自己那些地方做得还不够好，需要如何去改进，等等。当我明白这些问题之后，我心里会变得豁然开朗；当我解决了问题之后，我会发现自己又一次长大了。

就这样周而复始，我变得越来越成熟，考虑问题越来越全面，解决问题也越来越容易。我想，今天我之所以有这样的成绩，是因为我把坚持当成了一种习惯，不断地在实践中沉淀、积累，于是才有了可以成功强大的资本。

问题解析

凡事只有内心真正做到无怨无悔，你才能够做到坚持不懈；也只有做到坚持不懈，你才能有所积累，才能被他人发现。

被他人看到你积极优秀的一面，是你获得成长壮大的表现，是你自身价值得到实现的前奏。对于任何一个人来说，坚持是成功的基础，更是一种积累，也只有这样，成功才能成为水到渠成之事。

当然，要获得一定的成就，你首先需要坚持正确的东西，需要积累正面的经验。如我的成长经历，如果当时我听从父母的意愿，那么就没有我的今天。有这样一个关于放羊小孩的故事：

有一天，有位记者问小孩：“你为什么放羊不去读书呢?”

小孩回答道：“放羊可以赚钱啊。读书没有用，将来还不是要谋生。”

记者又问：“那你赚钱干什么呢?”

小孩回答道：“赚钱为了将来可以娶个老婆。”

记者好奇地问：“那娶老婆又是干什么呢?”

小孩很高兴地说：“娶老婆为了传宗接代啊。”

记者很诧异地又问：“传宗接代是为了什么呢?”

小孩回答说：“为了放羊。”

在这个故事中，你可以看到小孩的人生规划是非常清楚的，而且从他的回答中可以看出他有多么的坚持。但是，他的这种坚持并不能让他成为一个优秀的人，并不能积累他个人壮大的经验，因为他的思想已经被固化了。

所以，坚持是一种积累，但是首先你坚持的东西必须是正确的。

深入解惑

在销售行业我遇到很多这样的人：有的刚入行做了一个多月就不做了，转行到其他领域；有的做了两三年，在遇到一个重大挫折之后就不做了；有的做了两三年甚至很久，但始终没有长进，业绩和新来的销售人员相同。

这些在当今销售行业看来是很普通的现象，但里面却存在着很多问题。

(1) 浅尝辄止，你永远也不知道自己适合做什么

在销售行业做了一个月之后转行做其他领域，他一定能够成功吗？他真的觉得销售行业不适合他吗？第一个问题，我们无法猜想。对于第二个问题，我想说的是，在任何一个行业，如果只是浅尝辄止，没有深入的了解与积累，你永远不会知道哪个行业适合自己，你永远不会取得很大的成功。因为你始终发现不了自己的优势，始终会觉得很迷茫，自己的潜能始终无法开发。

(2) 遇难而退，你将无法变得更强大

在销售行业做了两三年，遇到重大的挫折和困难就撒手而去，这其实是一种逃避。主要原因是他觉得解决不了此问题，或者承受不了此种打击。对这类人我想说的是，任何困难都有办法解决，任何的挫折打击都有办法化解，而方法就是人生坚持过后的积累。试想一下，如果在你的坚持下这个问题解决了，这个挫折你承受住了，以后遇到这样的事情是不是会更容易应对呢？你会不会强大了呢？

(3) 坚持却不积累，如此混日子，终将被淘汰

销售工作三五年甚至更久，个人始终没有多大的长进。从时间长度来看，这类人坚持了，但是却没有积累，对于解决问题的方法、销售技巧、攻克客户的方法等缺乏必要的总结与研究，好像这些问题解决了就与你无

关了。这样的话，个人知识当然无法积累，个人当然无法变得强大。也许这类人经历了很多事情，但是他却如同一棵腐朽的枯树，没有任何内涵。

3. “狼”是最懂专注的动物

狼是我们最为熟悉的动物之一，虽然你可能没亲眼见过它，但是你肯定从各个方面对其有一定的了解，比如电视、广播、他人的相传等。

狼是一个残酷、勇敢、充满智慧的动物，更是一个专注的动物。我们都知道它是很多动物的天敌，就是我们人类在有些环境中也会惧怕它三分。其实，狼本身并不可怕，可怕的是它身上那种高度集中的注意力——专注。

狼在捕猎的时候是最为专注的，它们会密切注意着猎物的动向，丝毫不会放松。在咬到猎物的时候，无论猎物如何挣扎，它都不会松口。

狼的性格如此，人在做事的时候也应如此，才能获得更大的成功。因为如果你有了狼的专注，就能够抵御各种诱惑，一心一意向目标进发。反之，你极可能会半途而废。这是狼的生存之道，也是人的成功之本。学会了专注，你发出的力量会更加有力；学会专注，你的灵感会被更多地激发；学会专注，成功定会离你不远。

那一年我在郑州某企业做培训，现场有五十多名企业销售人员，课程期间我给他们发了一个调查问卷，其中有一个问题是：“你是否有过一个意向客户跟了很久，最后却让竞争对手抢走?”当时在现场有百分之九十的人回答都是肯定的。

这个结果让我很诧异，为了确定这个情况的真实性，我现场进行了询问，确实有百分之九十的人举手都说遇到过这个问题。于是我找了一位很有代表性的员工问：“你确定你是一直跟着这个客户吗?”

销售人员肯定地说：“确定，我都跟了好几年了，一直都没有放弃。”

我说：“好吧，竞争对手在拜访客户、沟通、谈判时你怎么没有发现呢？”

销售员低头不再说话。

接着有人反驳道：“客户的吃喝拉撒我总不能都知道吧，而且我也没办法发现啊！”

我微笑着说：“当然，客户是独立的，他的一举一动你肯定无法全部知道。但是你要知道，客户是你的猎物，是猎物你就要全身心地关注他、注意他，尽最大可能知道他的动态。因为只有这样，你才能打到猎物，不是吗？而且有竞争对手插入，这是一个很明显的行为。”

接着，刚才反驳的那位学员也低下了头。

问题解析

这类销售人员不是工作不认真，而是不够专注。如果你足够专注，那么客户的一举一动你都会觉察到，要让客户从你眼前溜走，也是不容易的。

确实，销售员应该如狼一样的专注，狼的专注是天生的，对于我们当下向往成功的每一个人来说，虽然我们没有天生的专注精神，但是我们完全可以通过后天培养。

深入解惑

曾经有人为了跟踪观察狼的捕猎行为，利用先进的电子仪器对狼进行了全方位、细致的跟踪拍摄。在一个寒冷的冬天，观察者发现了一群狼，据观察者推算，它们已经两天没有找到食物了。

就在第三天的下午，它们遇见了几头犀牛。犀牛比狼的身体要大好几倍，力量要比狼大很多。“尽管狼已经饿了好几天，可它们是无法以犀牛当食物的。”观察者这样想。

但让观察者感到不可思议的是，它们一直非常专注地观察着犀牛，犀牛走到哪里，它们就悄悄地跟到哪里。就在观察人员纳闷时，狼群发动了进攻，几只犀牛成为了狼口中餐。

原来狼群之所以一直专注地盯着犀牛不攻击，是在观察犀牛的弱点，这样才会更有把握成功捕猎。

狼群能够捕获犀牛的主要原因是什么？勇敢、聪明等都只是其中一个因素，而起决定性作用是——专注。

为此，作为销售人员，我们需要明白以下几点：

(1) 制定长远的目标

如果狼没有长远的目标，很可能在发现犀牛的时候就开始进攻。如果是这样，它必然不知道犀牛的弱点，注定会失败，更谈不上专注。同理，作为销售员，首先为自己制定长远的目标，有耐心地去销售，这样会让自己的专注力更持久。

(2) 适度的执着精神

有人说："成功源自专注。"这句话说得非常正确。一个人要想获得一定的成功，必须具备一定的执着程度。也许你现在什么都没有，但是你绝对不可以缺少做事的专注态度。当然，有效的执着是建立在正确的事情之上的，否则，就会变成固执。

环顾你周围的人，很多人平时工作都是那么努力，做事是那么积极，但是却往往获得很少，是上天对他们不公平吗？当然不是，因为他们缺少专注于一个目标做事的精神态度，要么三天打鱼两天晒网，要么半途而废，因此，很难取得成功。

4. 专注者的心里没有绝境

小的时候特别喜欢看赵忠祥老师主持的《动物世界》。在动物世界里，我除了对上一节讲到的狼有深入的了解外，对猎豹等动物的特性也有了一定的了解，而且我发现它们身上也都具有非常强烈的专注元素。

比如有这样一个关于猎豹的画面让我记忆深刻：明明它身边有一只羚羊经过，但是它却一直追着一只早已锁定的羚羊不放。当时觉得这只猎豹有点傻，这不是舍易取难吗！不过现在我明白，这叫专注。如果一个人能够像猎豹一样专注地去做一件事情，怎么可能不成功呢？

这里我想和大家讨论这样一个问题：专注给他们带来了什么。

从自然法则解析，强者生存、弱者灭亡是一种自然规律。也就是说，不管是人还是动物，本身都有一种危机感，都会有遇到绝境的可能。可能你会问："彭老师，你说的不对，那些'铁饭碗'就不会有危机感，就不会有绝境的情况，因为他们的吃饭问题永远是有保障的。"不错，但毕竟在当下这个竞争激烈的社会，大多数人都是靠能力吃饭的，而不是靠体制吃饭的。

在动物的生活中，它们是否能找到食物是非常不确定的。如果它们长久捕获不到食物，就有被饿死的可能，这就是绝境。面对捕获食物的不稳定性，它们为何很少遇到绝境？这便是专注的力量。

这对于我们每个人都是实用的，也许你的工作、收入不稳定，也许你即将面临自认为无法解决的问题，请不要担心，只要你能够专注地去做该做的事情，绝境就不会降临到你头上。

我有一个学员叫张军，记得有一次吃饭，他给我讲了他的经历，让我备感震撼。

他和很多人一样，大学毕业之后只身一人来到一座陌生的城市打工。一段时间后，工作没稳定，身上的钱用光了，房东天天催房租，城市中又没有亲戚，当时的他感到非常绝望。第二天，张军拖着疲惫的双腿来到了一家废品回收站，看到满地的废品，他鼓起勇气问老板那些废品的价格。

后来，他捡了一只破麻袋，开始捡垃圾。他走过了城市的每一个角落，拾捡着废品，也积攒着对未来生活的渴望。当他从捡到的废品中获得第一桶金的时候，他流泪了。

当然，他现在已不是当年那个在街头捡废品的小伙子了，他现在是某企业的董事长兼总经理，年销售额超过一亿。当我问他当时赚得第一桶金的感受时，他的眼睛的湿润了，但还是坚定地说："人生没有绝境，只要对自己所做的事情足够专注，就一定能够成功。"

问题解析

对于一个专注的人来说，他不会太多地去想失败后的结果，是不是会遇到绝境。在他的心里，更多的是想如何去解决困难，或者如何做好这件事情。

就像鲁迅先生说的："世界上本没有路，走的人多了便成了路。"生活中本没有绝境，只是因为你不够专注，所以才有了绝境。绝境可以击垮甚至毁掉一个人。经常会在电视上看到跳楼自杀的人，他们有什么想不开的，为什么要这么轻易地放弃自己的生命呢？原因就是他们心里有了绝境。

如果你能够拥有一个良好的心态，拥有足够强烈的专注精神，面对困难不会轻易地服输或低头，那么绝境就永远不会光顾你。

深入解惑

有些人之所以遇到在别人看来是绝境的困难，而他总能够迎刃而解，就是因为专注。因为不够专注，精力就会分散，这是最大的浪费。当你在面对特殊的困难挫折时，你可能没有足够的力量去击败它。此外，有些人看似身上有很多技能，看似很强大很厉害，但都是蜻蜓点水，专研不精，反而不如一些有专业技能的人吃香。如果你能够专注于某一件事情，一定会比那些看似拥有多种技能的人强大，而且更容易获得成功。

为了能够让自己更加专注，更容易获得成功，更好规避看似绝境的状况，你需要明白以下几点：

(1) 明白自己应该专注于哪些事情

生活就像一个大的置物袋，里面装载着很多东西，多而杂乱，乱到自己眼花缭乱，分不清个主次；生活也像一个写满了好几页纸的行程表，有太多的事情要做，但自己却不知道应该先做哪件，甚至不知道哪些事情需要做，哪些事情需要暂时放弃……

对此，就算我们有专注的心，却总显得力不从心，因为专注错的，一开始便注定坏的结局。所以，在行动之前，不妨静下心来，把这些事情捋一捋，分一分主次、先后，确定当前自己所需要专注的事情。

成功是需要一步一步来的，一件事情成功，再专注于下一件事情，如此人生才能总是遇见美好。

(2) 清楚这些事情对自己的意义

很多人在定目标、做事情时，都会多多少少受到“从众心理”的影响，觉得身边的一些人做这件事了，我也应该做，否则显得多不合群，就好像“别人有的，我也应该有”一样。

然而，人应该为自己活着不是吗？何必为了和别人一样，而浪费时间做对自己没有意义的事情。

人生苦短，我们应该把精力花费在对于自己来说至关重要的事情上来，如此在获得成功之后，内心才能获得喜不胜收的感动。

(3) 知道自己该怎么样去做这些事情

“专注”二字，切不要单一地理解为“我盯着它，一直盯着它，无比专注地盯着它”，成功不像特异功能，不是眼睛专注地盯就能盯出来的。专注，要关注，更需要行动。

当然，也不要认为我不管做什么，都是围绕着一件事，直到把它做成功。盲目行动只会拖慢了成功的脚步，放长了原本可以缩短的时间，专注于一件事，并且有计划性、策略性、战略性地去做它，始终清晰自己离成功有多远，处在哪个位置，有条不紊，才能步步为营。

5. 只要不放弃，就没有失败

当你真的定下某个目标的时候，重要的不是决定做什么，也不是怎么做，而是势在必得的心态。当这种势在必得的心态生效时，做这件事情的方法就会出现，道路就会出现。也许你不相信，但现在你可以亲身感受一下。

势在必得是一种坚定的信念。它与你是否可以成为一个富裕的人直接相关。因为只有你有势在必得的信念，才不会轻易地放弃，也不会轻易言败。这样你的成功就会多一层保护。

有些人在做某件事情的时候，遇到困难就轻易地放弃，然后又重新开始做某事，然后遇到困难又轻易地放弃，这样的恶性循环，是永远也不会成功的。就拿销售来说，你总是会看到有些销售人员从这一个公司跳到另一个公司，或者从这一个行业跳到另一个行业，工作了五六年，仍没有任何建树，为何？其中一个原因就是坚持的力度不够，总是轻易地放弃，所以他总是活得很累，而又总是看不到黎明的曙光。

对于“坚持”这两个字，失败者从未获得，成功者必定拥有；而不幸者一定缺乏，幸福者必定拥有。其实这个时代已经给我们提供了实现梦想所需要的一切条件，唯一需要的就是坚定自己的信念。你需要做的是明确目标，清晰战略规划，制定有步骤的战术，最为重要的便是势在必得的决心。

你和什么样的人成为朋友，你就会变成什么样的人，这句话我深有感触。特别是我的一位恩师的出现，让我自身完美了很多。

的确，人一生有几个真正的良师益友是一个非常大的福气和幸运；我在山东工作的时候认识了对我影响深远的老师——孟校长。他是我的客户，同时也是我的恩师，在他身上我学到了很多在课程中学不到的知识和经验。我在和他相处的一个月中深受老师的影响和熏陶，尤其是那种坚忍不拔的精神。

他是山东东营胜利油田职业大学校长，快80岁了，身体还是非常好。孟校长是一个爱学习的人，他博览群书，知识面宽，内心总是那么有激情。在与他相处的一些日子里，我总是好奇，为什么他的心中总是那么积极，难道他没有遇到过困难失败吗？

一次我们在闲暇时间进行探讨交流，谈到深处我激情澎湃，想更加深入地请教孟校长，我说：“孟校长，您经历过很多事情，不知道您有没有在某些事情上失败过呢？”

孟校长微笑着反问我：“你认为失败的标准是什么呢？”

我诚恳地说：“我觉得只要没达到目标就是失败。”

孟校长：“在人的一生中，如果你不放弃去做一件事情，什么时候才算失败呢？”

我无言以对。孟校长继续说：“很简单，只有你离开这个世界的那一天如果仍没有达到目标，才能真正说是失败，因为你已经没有机会再做那件事情了。”

我恍然大悟，补充道：“那是不是只要我活着，而且去做某件事情，就不能说是在这件事情上失败呢？”

孟校长微笑着说：“是的，只要不放弃，就没有失败。”

真是听君一席话胜读十年书，与孟校长的这次交谈彻底解开了我对孟校长的好奇。之后的几年，我们一直保持着书信交流，其中他写了一首诗送给了我：

“自幼无荫也无光，仰赖父恩上学堂。勤奋补拙守古训，克己养德不敢忘。岁月如水潺潺流，十年官场算辉煌。衣食住行党恩厚，少病无灾谢上苍。‘三子’老夫一息在，思绪翻滚天天忙。”

这让我更加明白，只要不放弃，就没有失败的真正含义。

问题解析

老师的教诲都是肺腑之言，我会永远铭记在心，在这里首先我要感谢我的老师，并祝他福如东海，寿比南山。

一个人的成功是没有偶然、没有侥幸的。作为成年人，每个人的生活都是自己选择的，其中必然与自己的信念、坚持有关。

有些人，虽然一直在努力，甚至一直也在追求成功。然而，内心深处，其实一直怀疑自己是否真的可以，怀疑付出是否一定会有回报。结果，内心的信念时常摇摇摆摆，坚持的强度越来越弱，最终因为怀疑战胜了信念的坚持，从而放弃。虽然花了时间和精力，却依然一事无成。

这种人是最累的。一边做，一边怀疑自己是否值得，一边计较付出的回报，一边痛苦地比较。

有些人，注定会成功，因为他们从未改变过自己的信念。一旦做出决定，付出任何代价，决不计较，决不后悔，决不迟疑，决不跟自己的价值观讨价还价。他们不会轻易地放弃，正确的事情一定会坚持下去。

从成功的角度讲，这其实就是某些人成功与失败的区别所在。

深入解惑

坚定不移是每一个成功者的最重要因素，他可以让一个人迈上一个又一个台阶，可以让一个人击败一个又一个困难，更可以让一个人的爱成为永恒。所以说，只要你不轻易放弃，任何困难是无法将你打败的。据上，我总结了以下几点：

(1) 不抱怨，不找借口

不要抱怨，不要找任何借口。造成问题的原因只有一个，那就是自己不够强大。所有的苦难，都来自我们还没有学会面对困难。如果我们已经全然地、充满勇气地面对各种困难和挑战，我们就会成为强者，成为解决困难的专家，成为战胜困难和挑战的勇者和智者。而要达到这种结果的最好修炼方法就是不轻易放弃，不惧怕任何困难。

(2) 经得住诱惑，抗得住磨难

在通往成功的道路上，一切都是未知的，可能顺风顺水、风景优美，也可能处处荆棘、困难重重。有些勇士在风景优美处被迷惑了，变得不思进取，从而放弃，停留在了半山腰；有些勇士在荆棘丛生的道路上失去了信心，退缩不前，从而选择了放弃，仍然停留在了半山腰。显然，这两类人是永远也无法到达山顶的，是永远无法获得成功的。为此，在成功的道路上，你需要经得住诱惑，抗得住磨难。

(3) 耐心＋自信＝必胜

在成功的道路上，所谓耐心，就是要耐得住寂寞，经得住考验，再加上自己对自己的充分信任，最后的结果就是成功。很可惜，很多人在这两方面做得还不是很好，因为没有耐心，所以放弃；因为不够自信，所以放弃，最后的结果必然是失败。所以，要成功，这两个因素你必须勤加修炼。

6. 更好的自己在未来

未来是一个神秘的未知世界，相信我们谁也不知道自己的未来会怎样、世界的未来会怎样。但是不管未来是什么样的变化，我们有理由相信会更好。

对于社会发展来说，由于优胜劣汰的自然法则，它只能向前发展，而不可能停滞不前或者倒退发展。因此，社会的未来只会变得更好。从小的方面讲，人类社会尽管也存在优胜劣汰的法则，但由于人的自主选择，并不能肯定地说每一个人在未来都会更好。因此，一个人在未来会更好需要一定的前提条件。这个条件是什么呢？

不知道大家是否知道世界上第一台显微镜是谁发明的呢？它出自一位农民之手，一个初中没有毕业、在镇政府门卫工作了60多年的农民。他业余时间没有爱好，就喜欢打磨费时费工的镜片。他不是磨一年两年，而是一磨就是60年，他的坚持、专注以及锲而不舍的精神让他发现了另一个世界——微生物世界。

从此，他声名大振，获得了巴黎科学院院士的头衔。他成功了，他的成功说明了什么呢？

很久以前，在一个小山村里有一个非常聪明的小孩，特别喜欢吃鱼。要吃鱼就要到河边去抓，但是捕鱼是一门技术活，小孩尽管聪明，一天却只能捕到很少的鱼，甚至有时候一条鱼也捕不到，因此他并不能每天都吃得上鱼。

孩子希望能够有更多的鱼吃。这天，他听说深山里有一位老先生有很强的捕鱼本领，于是他想，如果能够通过这位高人学到捕鱼本领，不仅可以保证自己有足够的鱼吃，而且还可以通过捕鱼卖鱼很好地生活，何乐而不为呢！

因此，他来到深山里找到了这位“高人”拜师学艺。这位老先生也接收了这个聪明的孩子，答应教他学会捕鱼的本领。

第一天，这位老先生将小孩带到一个山沟前，让他挖池子，孩子照做了。第二天，老先生还是带小孩挖那个池子，孩子也高兴地照做了。时间一天天地过去，这个孩子每天依旧是挖池子。刚开始孩子对老先生非常尊重，跟着他一起挖池子，学到了一些钓鱼的理论性技巧。但是孩子并没有吃到鱼。

为此，孩子开始变得焦急了，终于有一天他对师傅说：“师傅，您无法教我捕获更多的鱼，我要出去自己学习捕鱼的技术。”

老先生语重心长地说："孩子，不要着急，以后你一定会捕更多的鱼，天天有鱼吃，天天有鱼买。"

可孩子依然不相信老先生，离开了山林。老先生也没有阻拦他，目送这位聪明的孩子渐渐离去。

过了不长的一段时间后，那个池子建好了，上游的河水自然地流进了池子，鱼也流了进来。没有多久，整个池子充满了鱼，随时都可以轻易捞出一群来。而挖了一半就离开的孩子，现在已不知去向。

问题解析

何为智慧？很多人认为智慧就是说一个人非常聪明，思维活跃，拥有很多的知识，这种答案并不全面。其实一个有智慧的人，他主要的特点是坚持与专注。如同以上这个故事，孩子是大家公认的聪明孩子，他跟着师傅努力学习捕鱼的技巧，可是他却错过了美好的未来，没有看到鱼满池塘的情景。原因就是他没有坚持，更缺乏专注。

这么多年来，我一直在坚持着我的梦想，专注地做任何一件事情，专注地对待每一个人，包括我的师父、父母、员工、助手、爱人等。为此，我感到我很幸福，也得到了很多，获得了相对的成功。但是我不会放松，因为做好自己，我会一直地坚持专注下去。

当下，由于生活质量的提高，科技的不断发展，聪明的人很多，而成功的人却很少；努力的人很多，而有福气的人却很少；精明的人很多，而得到的却一直很少。

深入解惑

李嘉诚在一次演讲中这样说道："我们活着是为了什么？承担社会责任，是不是我们的义务？我认为人最大的悲哀是患上冷淡症，套上自命不凡的枷锁，在专业、行业和权力的高岗上，却失去自重心。那些对社会问题无动于衷的借口大王，一定被社会唾弃和淘汰。"

李嘉诚先生的志向是远大的，他的成功我们有目共睹。如果一个人总是找借口去处理某些事情，如李嘉诚所说，他不但会被社会唾弃和淘汰，而且他还看不到自己美好的未来。

（1）未来不等同于明天

有些人把未来当成了明天，其实在我看来，未来和明天是不同的。明天是新的一天，你需要完美地做好这一天的工作；而未来是一个人一生中偶遇和选择的结果。因为有些人把未来当作了明天，当第二天没有成功时，他便对未来失去了信心，觉得这件事情没有好的未来，于是他放弃了。

这是一个人一生最大的悲哀，因为你的这次放弃，意味着下次你有可能还会放弃，那么成功将无望。

（2）构建美好的未来，离不开外部条件的“硬件”，更离不开“专注”这个“软件”

美好的未来需要自己建立，完善自身的硬件和软件。比如你要达成一个目标，你需要掌握完成这个目标所必需的技能；你要熟知完成此目标的要领；你要构建完成此目标的外部条件，比如资金、人员、信念的建立等。所有这些硬件构建齐全后，该目标才有可能完成，而不是一定能够完成。因为你还必须具备坚持精神和专注态度，这属于个人的软件因素，也是决定目标是否成功的主要因素。

此外，在你前进的过程中，有些硬件或软件会发生改变。比如信念的改变，可能因为你经不起时间的考验，经不起一份寂寞的成长过程，经不起人生的等待，所以改变了，影响了你更好的未来。

因此，更好的自己在未来不是说说而已，你需要把握各个要素，读懂坚持与专注对自己未来的重要性。

测一测

你的坚持指数有多高？

从每道题中选择A、B、C、D答案，A＝说的就是我；B＝比较像我；C＝有一点像我；D＝和我没关系。此测试为单选题。

1. 在做事情时，你有点过分关注细节。

A　B　C　D

2. 对于长时间的开会，你觉得这就是一种折磨，你总是无法坚持太久。

A　B　C　D

3. 对于多个工作，你不是一项接着一项地完成，而是在不同的工作中来回切换，同步进行。

A　B　C　D

4. 在与客户沟通时，你总会从一个话题跳到另一个话题。

A　B　C　D

5. 有时候你会莫名地坐立不安或者心不在焉。

A　B　C　D

6. 与他人沟通的过程中，你总是会无意地打断别人，你知道这样不好，但总是无法克制。

A　B　C　D

7. 你现在觉得做一些日常的事情会有点困难。

A　B　C　D

8. 你的兴趣和爱好不是很稳定。

A　B　C　D

9. 做事情前拟定计划，对你来说比较困难。

A　B　C　D

10. 你的记忆力不是很好。

A　B　C　D

11. 你经常把别人的东西放错地方。

A B C D

12. 你的屋子大多数时间都比较乱。

A B C D

13. 对于一件事情，你总是不知不觉中会往后拖延。

A B C D

14. 改进你的生活习惯你觉得很难做到。

A B C D

15. 看一本书，你总是无法看完结尾。

A B C D

分数计算方法：

A=3 分 B=2 C=1 D=0。

分数解析：

0～15 分：你经常会陷入沉思当中，因为你的注意力比较集中，所以你的专注力比较强。

16～30 分：你和大多数人一样，专注力并不是非常强，但问题不是很严重，分析是什么情况无法让你专注，找到原因，即可解决。

31～45 分：你的注意力非常不集中，经常会心猿意马，因此专注力很弱。如果这个问题已经持续很长时间，建议你从小事做起，锻炼自己的专注力。

下篇　业绩倍增

第五章　牵线客户——大浪淘沙我淘金

第六章　沟通有方——不卖产品，卖欲望

第七章　异议处理——植入“一切问题都不是问题”的理念

第八章　成交有术——不可不知的销售秒杀术

第五章

牵线客户——大浪淘沙我淘金

很多销售员都有这样一种感受，刚进入某个行业或者被公司派到一个陌生的市场，没有客户资料、没有意向客户名单，人生地不熟，只有一种莫名的迷茫感，甚至是无助。想找客户，但又不知道从何下手，整天的碰壁仍然没有头绪。面对这种情况该怎么办呢？

1. 选对池塘钓大鱼

我每年都会挤出一些时间找一个地方修身养性，一方面是梳理之前工作的得与失，总结经验，规划后一段时间的工作；一方面是让自己紧张的情绪放松一下，让自己的心灵休息一下。不知道什么时候我有了这样一个爱好——钓鱼。为此，每年这个时间，我都会带上鱼竿去钓鱼。

有一年，我去了这样一个地方，在一个很长很宽的河道上，两边钓鱼的人很多，有些人是附近的居民，钓鱼是为了拿回家吃；有些人是来这里度假的，因为兴趣爱好而钓鱼。在钓鱼的过程中我发现这样一个问题，不管每个人钓鱼的目的是什么，有些人钓的鱼多，有些人少；有些人钓的鱼大，有些人小。我一直在想，这是因为个人的钓鱼技术问题，还是鱼饵的问题呢？

后来经过与钓鱼者的沟通及细心观察，我发现了其中的原因，不是因为个人钓鱼的技术问题，也不是因为鱼饵问题，而是位置问题。因为钓鱼者所在的位置不同，钓鱼的数量及大小就有所不同。

这让我想到了销售中寻找意向客户的这个环节，有些人工作很积极、认真，每天在外边跑业务，可总是找不到意向客户或者成交的单子总是很小；而有些人虽然不会每天出去跑客户，但是每当他出去的时候都会确定意向客户，而且成交的都是大单子。相信你肯定感同身受，身边也一定有这样的同事。其中的主要原因并不是工作积极或不积极、销售技能强还是不强，而是客户群体选择、客户区域范围选择的问题。

在郑州有一家销售公司叫魏宏电器，这家公司主要销售的产品是制冷设备，以空调为主。张海和李维是这两家公司的销售人员，张海在这家公司已工作2年有余，李维到这家公司仅仅不到2个月。

夏季来了，天气炎热，当地温度已经升到了39度。当然，这也正是空调销售的好季节。这天，销售经理确定了两个区域市场让他们二人进行开发。一个距离郑州市区比较近，坐车半小时即可到达；一个距离郑州市区较远，坐车要4个小时才能到。而且由于那个地区地势高，植被很少，所以那里的温度通常要比郑州周边高出5度的样子。

对于两个出差环境差异过大的地方，一个必然会很辛苦，一个必然会比较轻松。销售经理不知道该如何分配，因为如果由他分配每个人的区域，张海和李维必然会有意见，这样不利于销售团队的团结，而且他们可能会产生负面情绪，不利于工作。为此，销售经理把他们叫到了办公室，与他们协商区域划定的问题。

销售经理在征求他们意见时，起初两人都没有说话，大概过了一分钟，李维说："我还是去离市区比较近的地方吧！"

销售经理又征求张海的意见："你想去哪个区域呢？"

没想到张海说："这个正合我意，我一直想去离市区比较远的那个地方看看呢。"

……

张海和李维去了两个不同的地方开发市场。很快一个月过去了，公司召开销售会议，并公布了他们二人的销售业绩。

张海一个月销售空调柜机和挂机总共 39 台，销售额 120 万元。李维一个月销售空调柜机和挂机总共 11 台，销售额 31 万。面对如此悬殊的业绩，尽管张海有销售经验，但大家还是有些疑惑，于是问张海原因。

张海说："我之所以这月的业绩这么好，并不是因为我的销售技巧有多高超，而是我选择的区域问题。"

大家听后还是一脸茫然，张海继续说："一方面，我去的那个地区离市区远，所以很少有推销员去那里做市场；另一方面，那个地区常年比本市周边地区高 5 度左右，天气炎热，所以那里市场空间很大，这就是我成功的原因。"

大家听后，恍然大悟。

问题解析 

这是一个市场开拓的例子，也是一个真实的事情，他就发生在我朋友的一个公司。在一个销售团队中，我相信有很多像故事中李维这样的销售员，当然也有像张海这样的销售员。很多销售人员都希望轻轻松松地做销售，可是有没有想到，你的轻松销售是否能够带来轻松的业绩呢?

显然，张海和李维相比，之所以会取得优异的业绩，是因为他选对了"池塘"，而且这个池塘生活着很多大鱼。表面看，张海去的区域市场与李维去的区域市场相比，交通不便，环境艰苦，不利于推销。事实上，正是因为这些原因，才让这个区域更加有市场。

深入解惑

在销售中，"选对池塘"寻找客户的技巧包含很多方面，以上我重点阐述了销售区域的选择，下面我们来分析一下其他方面：

(1) 企业内部的区域客户

很多销售员觉得寻找客户就应该在外边跑，其实不然，利用你所在公司的内部信息资料同样可以寻找到一些潜在客户。而且这种方法可以准确快捷、省时省力地找到客户，可以说是事半功倍。

在一个生产销售为一体的企业，销售人员可以从各个职能部门寻找客户的线索，如通过财务室，利用之前的账目往来，你可以发现一些现在很少往来却非常有潜力的客户。

(2) 自己身边的直接或间接客户

利用自身人脉同样可以挖掘出非常具有潜质的客户，比如亲友、老乡、同学等，通过他们介绍一些客户给你。还可通过老客户挖掘潜在客户，因为老客户的同行必然很多，而他的同行就是你的客户。因此，这是一个非常重要的资源。销售人员要格外重视一些老客户，去培养老客户的忠诚度。同理，通过亲友、老乡、同学等直接关系也可挖掘出一些间接的潜在客户。

以上两个区域是寻找客户最简捷、最快的区域，当然，我们还可以根据自身情况寻找一些适合自己的区域或者方法。总之，如何钓鱼没有限制，钓到大鱼才是最好的。

2. 让客户自动找到你

作为销售人员，很多时候我们一直都在寻找客户、开发客户。因为我们知道，做销售工作只有你积极，才会有更多的客户靠近你。多少年来，这是我们很多销售员一直在做且最常规的销售方式。

客观地讲，这种方法是必须的，我们只有主动，才能找到更多的客户。但有时候你会发现，有些成交的客户第一次接触并不是你找的他，而是他找的你。你肯定会觉得非常幸运。但你有没有想过，客户为什么主动找你呢?

是的，原因就是自我宣传，也就是通常讲的打广告。比如可能是你的客户将你的信息告诉了另外一个客户，也可能是你在某平台留下了你的信息等。总之，结果是这位客户主动找到了你。

现在我们这样幻想一下，如果有一天有更多的客户像这位客户一样主动找你，而不是你主动找他们，你的销售工作是不是会更加轻松呢？你的业绩会不会大幅度提升呢？答案是肯定的。这不仅仅是幻想，它完全有可能实现，方法就是自我宣传。

我们来讲一个创业的故事。有一个小伙子叫李辉，大学毕业之后没有找到称心如意的工作，于是决定创业。

李辉家境并不是非常好，而创业最基本的一个前提就是资金。他通过家里、朋友、同学东拼西凑借了四万元，在一个人流量比较大的街道开了一家餐馆。他想，俗话说“民以食为天”，开家餐馆生意一定不会差的。

本以为经过自己精心的装修，开业后生意一定会很火爆，但实际情况是生意冷冷清清，来餐馆吃饭的人很少。很多时候都只能维持餐馆的开支，有的时候甚至亏本（很多创业的朋友肯定都有这样的感受，这是最常见的现象，很少有人能够在创业初期就马到成功）。

有一天中午，在李辉的盼望下餐馆进来了一位客人，这位客人并没有点多少菜，但在吃完饭后却提出了一个要求，希望李辉能够把自己的名片贴在餐馆的墙上。原来这位客人是一位销售人员，他希望通过这种方式开拓自己的业务。

李辉想，反正自己也没有什么损失，于是答应了这位客户的要求。没有想到，过了一段时间，很多来餐馆吃饭的人看到这张名片后，都产生了同样的想法，希望把自己的名片贴在墙上。就这样一传十，十传百，整面墙都贴满了各种各样的名片，很多人来餐馆发布或了解信息，并且似乎成了一种习惯。

最后，李辉餐馆的生意也越来越火，而且很多人都是慕名而来。

问题解析

很多时候我们都感叹，现在销售真的是越来越不好做，越来越难啊！难在我们要主动找客户推销我们自认为很好而客户却不这样认为的产品；难在在推销的过程中总是会遭到客户的白眼。可是从上面这个案例中你可以看到，销售还是很容易的。

从李辉的角度分析，在第一位销售人员将自己的名片贴在墙上后，因为大家都认为效果很好，于是越来越多的人效仿。随着名片越来越多，这里形成了一个信息共享平台。随着一传十、十传百的宣传效应，更多的人知道了这家餐馆，于是餐馆的生意便好了起来。这个结果肯定是李辉之前未想到的。其实，李辉应该感谢第一位贴名片的客人，是他把餐馆无形中宣传了出去，才让很多人能够慕名而来。

从销售员的角度分析，他们为什么要这样做呢？目的就是让更多的人知道他，让有需要他们产品的人了解他，并能够联系到他。通常，餐馆是一个人流量比较大的地方，因此，不管当时李辉餐馆的生意是不是很好，销售员的这种方法是正确的。这种方法能够让更多有需求的客户看到并主动联系到他。

深入解惑

通过以上分析，我们知道让客户主动找到自己其实更容易成交，因为主动找你的客户都是对产品有需求的客户，会让销售工作更加容易，也省去了你主动寻找客户的成本。而要让客户主动找到你，我们还需要一些技巧和方法。

(1) 大范围散发名片

名片的主要作用是详细地介绍自己，此外它还有很多作用，我们将在后面做详细介绍。这里我主要讲它的引导作用。

每个销售人员都想让更多的人知道自己是做什么的，销售什么产品。这样当对方有需求的时候，他们就会想起你，并主动联系你。而名片就是一个最好的媒介。所以，你需要利用各种可利用的场合将自己的名片散发出去，让更多的人知道你、了解你。这样你就有机会获得更多的生意。

(2) 运用他人的求购、供应信息推广自己

也许别人发布的供应信息和你没关系，也许客户的求购信息和你没关系，但是如果你能在他们供应信息中“插话”，让他们觉得有用，那么，你的个人信息就会得到很好的推广。比如有客户要卖家具，而你是卖汽车的，那么你可以真诚地给客户提出意见，然后将自己的职业信息巧妙地夹在意见中。当客户体会到你是真诚帮助他的时候，他就会记住你。说不定以后买车就会主动联系你。

(3) 利用网络论坛、博客等推广自己

在当今网络盛行的年代，论坛、微信、博客等成为最好的信息交流平台。作为销售人员，你需要利用这些平台广交朋友，然后不断地宣传自己、产品、公司等，而且要坚持，要有十年如一日的决心。这样会更加深入人心，会让更多的人记住你。

3. 随时随地，推销自己

在中国很早的营销学中有这样一句话："酒香不怕巷子深。"显然，这句话在当今已经不适用了。在当下，你的酒再香，也怕巷子深。

如果有一家咖啡厅非常棒，但是没有人知道，估计也没有几个人去光顾吧。同样的道理，一个销售人员，如果没有人知道你是卖保险的、销售灯具的，客户如何和你成交呢?

要让更多的人知道你，你就需要随时随地推销自己，这是一个优秀销售人员的基本素养。他们会在各种社交活动中把握各种推销自己的机会，比如婚宴、丧礼、老乡会、同学聚会、座谈会、演讲会等，尽可能地让更多的人知道自己。

我有一位学生，曾经大学毕业之后去了北京，在一家汽车公司做销售，但初来乍到，人生地不熟。于是，他每周六、周日都会积极参加行业聚会、演唱会、老乡会等，只要有活动他必然参与。在短短一个月的时间，销售业绩竟然跃居公司第二。他给我说这件事的时候非常兴奋，而我知道，这就是随时随地推销自己的优势。

在我的老师陈安之先生举办的一次活动中，主持人问了他这样一个问题："一个业务人员的知名度对他的推销有没有什么影响?"

陈老师是这样回答的："如果一个业务员没有一定的知名度，我想客户是没有办法买你的产品的，他不知道你在做什么。我记得去听乔吉拉德的演讲，刚进场的时候，服务人员就问我有没有乔吉拉德的名片，我说我还没有，他就给了我一张。隔了不到30

秒，又有另外一个服务人员问我有没有乔吉拉德先生的名片，我说我已经有了，他说我再给你一张。大概隔了1分钟，又有另外一个问我有没有乔吉拉德先生的名片。我说，你们到底在干什么，我已经有两张了。他说再给你一张。我大概在5分钟之内就收到了5张乔吉拉德的名片。后来乔吉拉德到台上来演讲的时候说，他之所以会成功，因为他能够大量地行销自己，尽量地让别人知道他在做什么。”

是的，一个人如果不懂得推销自己，他是无法做好销售工作的。我认为我们不光要推销自己，而且要随时随地地推销自己。对于乔吉拉德我也有所了解，相信大家对这个人物也不陌生。他在一个月的时间就发出去了一万多张名片，这是一个多么庞大的数字，他是怎么做到的呢?

他在餐厅吃完饭结账时，会把自己的名片给对方两张；他在打车给出租车司机付钱的时候，会征得司机的同意，把自己的名片放一些在出租车上；他在出差坐飞机时，会主动和身边的人沟通，并详细地进行自我介绍，等等。

就是因为这样随时随地自我推销，他成功了，成为全球推销大师。

问题解析

乔吉拉德的成功是经过历史证明的，也是我们每一个销售人员所熟知的；我的老师陈安之先生的成功也是我们今天所看到的。也许，他们在迈往成功的路途中方法不尽相同，但是有一个要素是一样的，那就是随时随地推销自己。

因为随时随地的推销，众多客户认识了乔吉拉德，知道了他所销售的产品；因为随时随地的推销，很多人认识了陈安之老师，很多老师也知道了他的优秀之处，当然，我就是其中一位。

深入解惑

很多人觉得一个人要过得幸福，就要将工作和生活分开，工作是工作，生活是生活，在生活中不夹杂任何工作的元素，否则就会影响生活的质量。对于这个观点我并不是完全认同。对于有些工作来说，确实需要这样做，比如演员，在工作中你是一个角色，你可能需要入戏才能将戏演好，而在生活中你需要“出戏”，不能将戏中的某些因素带到现实当中，否则就会与现实产生矛盾，从而影响生活质量。

而对于有些工作来说，你需要在生活中掺杂一些工作元素，当然前提是这些工作元素不会影响到你的正常生活。比如销售工作，你平时交朋友的目的就是认识对方，然后让对方认识你，这和你推销自己的目的、形式是一样的，因此，这不会影响你的正常生活，相反，会让你认识更多的朋友，让你的生活更加精彩。

当然，随时随地推销自己要讲究方法，有以下几点我们需要注意：

(1) 让推销过程自然

推销自己的过程不能过于唐突，要让整个过程显得自然。如果你一上去就说：“我叫某某，我是……”换位思考一下，在你还没有任何准备的时候听见有人对你这么说，你会有什么感受呢！那就失去了推销的意义。

因此，找理由或借口，和对方有一个开场，然后介绍自己，这样会自然很多。

(2) 不要带有功利性

知道为什么很多人都特别烦一些保险推销员吗？就是因为他们在推销自己的时候太过于功利，恨不得把客户的钱都放在自己口袋里面，这种推销方法显然是错误的。它会让客户觉得你另有所图，而不仅仅是推销你的产品或者和他交朋友。

关于这一点，解决的方法就是在语气诚恳度上下功夫。先赢得对方的信任，甚至和对方成为朋友，然后告诉对方你是做什么的，有需要找你，效果会好很多。

4. 每个人都可能是你的潜在客户

在销售行业中，“识人”是很重要的一个环节。一个销售员的最高境

界是什么？就是看到对方第一眼或者和对方交流15秒内就能够知道对方是不是意向客户。而你知道销售员的最大禁忌是什么吗？那就是在识人后，“看人下菜碟”的态度。

不知道是因为在销售行业做疲了，还是急于求成，总是有一些销售人员对于小客户、小单子瞧不上，对待客户在态度上分三六九等，没有耐心。其实任何一个人都是你的潜在客户。当然，我们从客户的外表及言行能够大致看出该客户是不是意向客户，是否会购买你的产品，但是这个猜想结果只能说明客户暂时不会购买，并不能保证客户以后不会购买你的产品。因此，如果你用另外一种态度对待这类客户，你的一句话或者一个表情就可能断送和这位客户以后合作的可能性。

对于一些真正的潜在客户，在沟通的过程中销售人员会特别注意自己的言行举止；而对于一些看似与生意不相干的人，有些销售员往往会表现出另一种态度。这对自己来说其实是一种潜在的损失。因为在当今这个竞争激烈的社会，每个人都在努力赚钱，同样，每个人也都在想如何去消费。今天也许他不会购买你的产品，但明天也许他就会需要你的产品。我相信你只要认真对待每个人，把他们当作你的潜在客户，你的销售事业必然会蒸蒸日上。

杰克是美国一家生产电缆公司的销售员，他和一家公司有着长期的合作，而且与这家公司的高层主管关系处理得很好。但是杰克和其他来访的销售人员一样，每次去这家公司都要在前台小姐那里登记，而后通过前台小姐的通传，他才能见到高层主管。

这位前台小姐是一位工作有条有理、很重视效率的人，她的工作责任之一就是让来访者与高层的见面都能够准时进行。然而，即使她会认真她安排每次来访者与高层的会面，但有时候因为高层主管临时有急事，总会让一些事先安排好的会面推迟。

对此，有些来访者或业务员很不满意，总是把牢骚发在这位前台小姐身上。而杰克不会，即使因故会见推迟，他也会耐心地等待，对前台小姐总是彬彬有礼，更不会拿出要会见的高层主管的名字来表示自己的重要性，而是感谢该前台小姐对其工作的支持。

20年后，杰克依然在这家电缆公司工作，不同的是他已是销售总监，而那位前台小姐成为了她所在公司的执行总裁。为此，她的公司成为了杰克所在公司的最大客户。

问题解析

杰克的成功不是偶然，而是必然。他的故事告诉我们，作为销售人员，不要轻视任何一个人，因为他可能就是你的潜在客户。

记得有一年冬天，我中午刚吃过饭在座位上看一些资料，这时一位小伙子来办公室找我的同事送东西，原来同事在网上买了一个移动电源，小伙子的网店正好和我们在一个办公楼上。因为是货到付款，小伙子找到我这位同事后非常热情。

我因为经常出差，手机经常会没电，所以顿时也产生了兴趣，问送货的小伙子，移动电源多少钱。不知道是我声音太小了还是因为其他，小伙子只是看了我一眼，并没有回答我。

在他给同事介绍完之后，我接着说："这东西挺新鲜的啊！"意在让这位小伙子给我详细介绍这个移动电源，可小伙子依然没有理我，热情地对着我这位同事聊天。当时我突然想对小伙子说："任何人都可能成为你的潜在客户。"其实那天，我是真想买那种移动电源，而最后因为小伙子的"差别对待"，我放弃了。

深入解惑

记得我曾经在上海带领过一个销售团队。这个团队有一个新人叫李俊，大学刚毕业，来我这个团队仅仅一个月。有一天，李俊找到我说："彭主管，我想辞职，不想干了。"

我问他："为什么不想干了？"

李俊说："这一个月来一个客户也没找到，没有任何业绩，所以……"

当时我们的办公室在18楼，透过窗户可以看到马路上人来人往。我没有说话，把他叫到窗户边指着外边的人群问："你看，那是什么？"

李俊说：“人啊！”

我接着问：“除此之外呢？”

李俊说：“大街，高楼。”

我又问：“还有呢？”

李俊不解地说：“还是人呀！”

我最后说：“在这些人群中难道没有你的客户吗？”

李俊想了想，恍然大悟：是啊，其实每一个人都是潜在客户，只是我们很多时候忽略了而已。

我们知道，意向客户来自潜在客户，寻找潜在客户是任何销售人员刚开始从事销售工作的一个起跑点。一个优秀的销售人员对待非意向客户的态度和对待意向客户的态度是一样的，对每一个人都非常有礼貌。因为他们知道，你现在对待客户的态度，很有可能决定 10 年后生意的成败。

优秀的销售人员心中没有“小人物”，不会在销售态度上“看人下菜碟”。因为在他们心中，每一个人都是潜在客户。

5. 名片是最好的代言人

名片是人际交往中的散发式微型广告。在商务交际中，对方对你的印象除了你初次见面的行为言语外，还在于那张表明你身份的名片。

也许你对名片是否能起到如此大的作用有所怀疑，从名片的内容来讲，上面大多是自己的个人职场信息，比如业务、职位、联系方式等。你发名片的目的是让对方在有需求的时候找到你，而当对方真的有需要时，首先他会找到你的名片。

也许客户当初和你见面的记忆已经模糊，但这时你的名片就是你个人的形象宣传，从你的名片中客户可以了解到很多关于你的信息，比如产品质量、资质甚至是你的为人。因此，你的名片决定着客户是否愿意给你打电话。在现代职业场上，它往往能起到你无法估量的作用。

在某些场合，你总是会收到一些名片，这些名片印制精美，而且招牌一个比一个大，什么区域经理、某某集团董事长、某某公司总裁、某某协会主席等，总之头衔很是响亮。名片给你之后，他们总会附上一句“以后有事多联系，请多关照”之类的话。至于人家拿到名片会丢进垃圾桶还是什么地方，送名片的人都不会在意。首先他心中会觉得我又多了一个朋友，又有一个客户认识了我。显然，从人们经常这样做的方式中可以证明，名片对一个商务人士是非常重要的，尤其对于销售人员来说，是挖掘客户最好的渠道之一。

我曾经做过一个关于名片的调查，在半个月时间里，我收到了130张名片。这些名片涉及各个行业，而且头衔有大有小。从职位分析，有98张名片的头衔在8项以上，22张名片头衔在3项到8项之间，只有10张名片头衔是1项或者2项。从名片印制的精美程度分析，101张名片印制非常精美，21张名片印制比较精美，只有8张名片印制普通。

从我这个调查中可以发现，大多数人对名片已经越来越重视，并且把它真正地当成了自己的代言人。

我曾经有这样一个学员，原先在办公室做行政工作，因为不满于现状，于是他辞职到了一家销售公司。

但是工作了2个月后，他的业绩非常微弱，每个月挣到的钱还不如原先在办公室做行政的时候多。那天在课堂上他向我提出了这样的疑惑。

我问他："你平时挖掘客户最常用的方式是什么?"

他说："发名片多一些。"

我说："你可以把你的名片给我一张吗?因为我极有可能是你的潜在客户哦。"

他把名片给了我之后，我一看傻眼了。名片制作粗糙，设计异常普通，内容更是没有任何新意，不仔细看以为是讨债公司或开假发票公司的名片。我告诉他找一家专业的公司马上重新设计名片，更换名片纸张。

大概过了2个月后，那位学员打电话给我，兴奋地说："彭老师，感谢您对我的指点啊，现在主动打电话给我的客户多了起来，业绩也慢慢地上升了……"

问题解析

现在名片满天飞，连收垃圾的阿姨都有自己的名片，而有些人觉得名片在当下已经没有那么大的作用了。但我认为，收垃圾的阿姨是有自己的名片，但她的名片是否和你一个档次呢？此外，收垃圾的阿姨都开始重视名片，我们为什么不去重视呢？

从某种角度讲，名片是一种身份的象征，同时是企业形象的展示。名片还可以解决一些难言之隐。比如你与某陌生人打交道时，有时候不方便介绍自己的职位名称、官衔等，这时你只要递上一张完善的名片，对方对你的情况就能够一目了然，你的难言之隐就能够完美解决。

作为销售人员，在你的业务往来和社交场合中，如果你没名片，工作就会受到一定程度的阻碍，但如果你随便制作一个名片，不但不会起到该有的效果，甚至会招来麻烦。因此，名片不但是你个人资料的代表，更是你展开业务的法宝之一。

深入解惑

名片是你的代言人，社交场合中，你需要把名片送给那些索要名片的人，或送给主动把名片给你的人，更应该送给那些潜在的客户。很多人觉得现在是一个“关系社会”，没有关系将寸步难行。俗话说“多个朋友多条路”，同时还会多一个业务，多一个市场竞争的本钱等，而名片是敲开业绩之门的敲门砖。

(1) 名片有什么作用

①给客户留下印象，刺激客户主动联系你

如我前面所讲，有些客户见一面之后，由于时间太长可能会忘记你。而留名片给对方，会让对方在翻看名片的时候想起你，在需要你的产品时，能够主动联系到你。

②给初次见面提供沟通的话题

和初次见面的客户沟通，如果你直进主题，会让交流显得有些唐突不自然；而如果你先给对方一张名片，在对方了解之后，你再开始沟通，会让接下来的谈话更加顺畅。

(2) 如何打造你的个性名片

①名片制作要有特色

如无特殊需求，名片尺寸不宜过大，一般规格是 9cm×5.5cm。印制名片的纸张，宜选庄重朴素的白色、米色、淡蓝色、淡黄色、淡灰色，并且以一张名片一色为好。最好不要印制杂色名片，令人看得眼花缭乱

在文字方面，如在国内使用，最好用汉语简体字，不要为了显摆而使用繁体字。如需和外企打交道，背面可用英文。但使用文字有一个最基本的前提，就是规范，否则会影响效果，甚至引起对方的误解。在这基础上设计的时候，要展现出自己的风格以及行业的专业性等。

制作名片时，不要用复印、油印、影印的方法，这些都不是正规的方式。

②名片使用要有技术

● *名片使用规则*

名片的使用绝对不简单，该在什么时候送，什么地点送，向什么人送，是一门学问，也是一门技术。

如果你是一名销售人员，那么你需要利用一些有益的社交活动，比如老乡会、同学会、行业协会等，然后递送你的名片，让更多的人认识了解你。此外，要根据你从事的行业有目的地使用你的名片。

● *交换名片的礼仪规则*

向对方递送名片时要面带微笑，眼睛诚恳地注视对方，将名片正面对着对方，用双手的拇指和食指分别持握名片上端的两角送给对方。当然，这个动作不能坐下完成。

递送名片时应注意，地位低的人先向地位高的人递名片，男性先向女性递名片。

当与多人交换名片时，应依照职位高低的顺序，或是由近及远，依次进行，切勿跳跃式地进行，以免对方误认为有厚此薄彼之感。如分不清职务高低和年龄大小时，则可先和自己对面左侧方的人交换名片。

本章测试

看看这一章你学到了多少？

为了测试你开发客户的能力，请回答以下问题：

1. 你清楚你的客户目标在哪里吗?

2. 你总是会尝试开发客户的新方法吗?

3. 你是否在不断校正开发客户的方向?

4. 你和新客户的沟通周期是否保持在一个星期内?

5. 是否每三天之内都会有陌生客户打电话给你咨询产品?

6. 不管是生活交际还是工作交际，你是否会潜意识地寻找客户?

7. 你是否建立了潜在客户档案表，并且时常保持着一定数量的潜在客户?

8. 你是否将潜在客户做了市场细分?

9. 你是否将过去成交过、而目前没有交易的客户整理了出来?

10. 在与客户沟通前，你是否准备好了被拒绝的应对话术?

11. 你是否将自己公司最喜欢的产品推荐给了你的亲戚朋友?

12. 对于一个客户，你是否在交叉使用开发方法?

13. 你是否建立了客户信息搜集网络?

14. 拜访任何客户的活动，是否都提前制定了时间表?

15. 是否充分运用了身边知名人士的介绍和口碑?

检验：

14～15 道题为肯定答案：说明你开发潜在客户的能力很好，应该继续保持，不断提升完善自己即可。

11～13 道题为肯定答案：说明你开发客户的能力一般，虽然不是很差，但还不是很完善，找到自己存在的问题，加以改进。

6～10 道题为肯定答案：说明你开发客户的能力欠缺，理清思路，分析自己哪些问题为否定答案，有针对性地进行改进提升。

0～5 道题为肯定答案：说明你开发客户的能力很差，你需要全方位地学习开发客户的技巧。

◉第六章◉

沟通有方——不卖产品，卖欲望

你是否曾经满腔热情地为客户介绍产品，而客户却无动于衷？你是否在产品物美价廉的情况下，还是无人问津？你是否在自己服务水平非常优秀的情况下，销售业绩仍然看不到上涨的希望？而出现这种问题的原因就是——客户沟通。

1. 赞美是最好的前奏曲

在与不是特别熟悉的人交流的过程中，如果对方总会不经意地赞扬你，你会有什么样的感觉呢？毫无疑问，当然是舒畅、自豪，感觉对方了解自己，会迅速产生一种亲近感。这是很多人的感觉。

同样，作为销售人员，如果你在和客户沟通的过程中也能够恰如其分地赞美他，必然会拉近彼此的距离，这样你和客户接下来的沟通就方便多了。

很多销售人员都没有赞美别人的习惯，觉得“赞美”这个词有拍马屁、奉承之嫌，会让对方觉得你不真诚。但事实证明，每个人都喜欢别人的赞美。当听到赞美时，尽管嘴上说：“哪里哪里，过奖了啊！”但我们心里却非常高兴。这就是人的本性。

因此，销售中客户需要赞美。当然，赞美需要技巧，否则就会事与愿违。

前几年我换了一辆新车，在购车的过程中经历了这样一件有意思的事情，现在和大家分享一下。

由于我当时开的车有好几年了，总是会出现一些问题，所以准备更换一台。经过千挑万选，最后确定了某品牌的车子。该品牌在我所在的地区有两家4S店，我决定去看看，合适的话就直接提车了。

那天，我开着我的旧车来到第一家4S店，一个姓王的销售顾问接待了我。他在给我介绍了新车之后，问我现在开的什么车，我告诉了他，并带他去看我停在门口的旧车。

看了之后，这位王顾问说："哎呀，你的车子太脏了，早该换了，你看这么小，一点气派都没有……"

我当时听了之后很窝火，毕竟这辆车自己开了好几年，也有了一些感情，被别人这么说，心里很不痛快。接着我就跟这位销售顾问说了再见，离开了这家店。

开车来到第二家4S店，一位姓刘的销售顾问接待了我。他同样详细地介绍了新车给我，随后提到了我开的旧车，我便带他去看了看。在看到我的旧车后，刘顾问微笑着说："哎呀，虽然车子有点小，但是真的很可爱哦！而且你这车停车肯定很方便！"

我听了之后心里痛快极了，说道："是啊，开了好几年，有了感情，舍不得卖啊！不过因为工作需要，我还是要更换一台呀！"

最后，在这位刘顾问的介绍下，我当天就提了一台他们的新车。

问题解析

一位优秀的销售人员会从众多的缺点中找到一个优点来赞扬，而糟糕的销售人员却是从众多的优点中看到一个缺点来批评。如同我买车时的经历，批评会让人心里感觉到不舒服，而赞美却可以让人觉得很开心，不但能够拉近与客户之间的距离，建立友好的关系，而且还能够促进最后的

成交。

如果仅仅比较产品价格，第一家4S店和第二家4S店都是一样的，并且第一家店距离我家很近，方便以后保养维修，这也是我进第一家4S店的原因。而我之所以会放弃，选择在第二家4S店购买，是因为第一家销售顾问对我的旧车挑毛病，也许他的目的是让我尽快做出选择，购买他们的新车，但是他的这种方式让我心里很不舒服，没有了和他继续沟通的欲望，为此我放弃了这家很近的汽车4S店。

把目标锁定在第二家，是因为这家4S店的销售顾问说话让我觉得很舒服，说到了我心灵深处，就算他的赞美有些虚伪，但我还是很受用，而且产生了一种想与之沟通的欲望。所以我从这位销售顾问这里买了新车。

这就是赞美与挑毛病的区别，它完全可以改变客户的购买欲望及购买想法。

深入解惑

前面我讲到，赞美是需要技巧的，我把这种技巧称之为赞美的艺术，赞美的核心内容就是找到客户身上的优点，然后讲给客户听，或者用认可、迎合客户的方式进行沟通。

(1) 如何赞美对方

①从对方个人情况赞美

“一直和您信件沟通，没想到您的声音这么有磁性，和主持人一模一样!”

“您的孩子真帅气，将来一定会和您一样成为社会精英。”

“听说您对音乐有所研究，外界仰慕您的人一定很多啊!”

“您住的这个地方环境真好，房子也这么漂亮，眼光真是不同凡响呀!”

“您说的太对了，不愧是这方面的专家啊!”

②从客户公司赞美

“贵公司历史悠久，在业界有很大影响力，真是如雷贯耳啊!”

“您这样的大公司我仰慕很久了，今天终于看到了，真是不容易啊!”

“贵公司的办事效率真是快，这点我们真是自叹不如。”

“听说贵公司的管理非常严谨，今天终于看到幕后英雄了，真是

荣幸。”

“不愧是行业的佼佼者，公司的工作氛围都不一样！”

③从对方的思想性格赞美

“你真是有魄力，领导就是不一样。”

“很冒昧地问一句，您这条领带是您自己选的吗，真的很有品位啊！”

“您真是一位细心的人，这个问题您都想到了。”

“您的思路真是清晰，真的让我佩服呀！”

“不愧是东北人，做事就是爽快。”

（2）不要说错话

赞美对成交虽然是一个行之有效的方法，但是如果方法不对，就会起到相反的效果，为此，在赞美客户的过程中，有以下几点我们需要注意：

①据实赞美，避免冒犯客户

赞美客户时不要无中生有，这是很让客户反感的事情，会让客户觉得你在讽刺他，从而产生不良后果。

②真诚赞美，避免虚情假意

真诚地赞美一句，胜过虚假地赞美万句。真诚主要表现在你的眼神、行为、语言态度等方面。真诚地看着对方，诚恳地进行赞美，会让客户更容易接受。

③尊重客户的习俗，适当赞美

因为交际习惯的不同，在你看来是赞美的语言，可能会让客户觉得是嘲讽甚至是侮辱。因此，了解客户的生活习俗，会让赞美更加准确有效。

2. 带着强烈的责任心去沟通

责任心是一种品格、一种态度。当一个人带着责任心去与你沟通的时候，你会发现，对方特别亲切，值得信任，甚至你可以在不签协议的时候将货款打给他。对于你遇到的问题，你百分百地相信他能够给你解决，这就是责任心的力量。

作为一名销售人员，与客户沟通其实最需要这种责任心，因为它不仅能够拉近你与客户的距离，而且还能够提升你在客户心中的信任度。因此，我希望每一个销售人员都能够带着强烈的责任心去与客户沟通，一心一意为客户服务，想客户之所想。

这是一种崇高的销售精神体现，能够激发客户无限的购买欲望，促进与客户之间的成交。同时，它能够让你感受到销售的乐趣与快感，让你迷恋上销售工作。因为，你以责任心对待客户，客户必然会以自己的责任心给予回报。

那一年我刚步入社会不久，在一家公司从事销售工作。一天我遇到一位客户，需要某型号的产品，问我有没有现货。我不敢肯定这种产品公司是否有货，于是去问销售主管。

销售主管说："这款产品现在确实没货，不过你不能告诉客户没货，不然这笔生意就黄了，就说有货在路上，先让客户交定金再说。"

我问："那什么时候才会到货呢?"

销售主管说："现在厂家原料紧缺，最快也要一个月，不过你千万别这样告诉客户，否则客户依然会走掉。就说一个星期左右到货，到时候客户问再往后推。"

我说："这样说不好吧，即使以后客户拿到产品，也会对我们公司及产品失望的。"

销售主管说："如果不这样说客户会交定金吗?业绩会上去吗?"

我没有再说话，最后还是如实告诉客户现在没货，最快一个月到货。

客户听了之后便走掉了，事后我将真实情况告诉了销售主管，主管狠狠地把我批了一顿，并说："不听老人言，吃亏在眼前。又一个客户流失了。"

让我没想到的是，三天后该客户给我打电话说准备预定该产品，我问他为什么当时不预定，他说："当时我回去在网上查了一下，也打电话给厂家，厂家说最快一个月才能有货，而很多公司都说一个星期甚至三天就能到货，而很多公司都说一个星期甚至三天就能到货，并让我交定金，所以我觉得你是一个负责的人，我相信你。"

我有一位朋友是某集团销售部的主管，他对我说，他们部门刚来了一名员工。有一天，这位新员工在拜访客户的时候，客户问他某某型号的产品有没有，当时他不知道这款产品的情况，也没有和公司进行确认。为了能最大限度地留住这位客户，他非常肯定地说："有。"

当他回公司看了库存之后，才发现没有客户说的产品，于是他开始给客户解释沟通，但客户始终不再相信他，最后主管出面才安抚了客户的情绪，搞定了这位客户。但客户始终也不愿意和那位新员工进行沟通。

问题解析

从以上两个例子中可以看出，我很幸运当时我是有责任心的，我是带着责任心去工作的，所以我打动了客户。而我朋友部门的那位新员工在工作中显然是没有责任心的，在与客户沟通的过程中，他并不能够确定客户需要的产品是否有货，但却给予客户肯定的答案。不管该销售人员出于何种原因，这显然是一种不切实际的说法，用当下流行的话说就是"忽悠"。因此，客户以后不会再相信他。

有时候销售人员在与客户沟通的过程中，客户可能会问一些问题，而有些销售人员怕承担责任或麻烦，总是会说不知道或推诿，这其实也是一种不负责任的表现，也会造成客户对销售人员的不信任。对此，知道就如实回答，不知道要为客户想办法解决，要把客户的问题落到实处，而不是推诿或者拒绝。

深入解惑

记得我刚参加工作的时候，有一些老销售人员对我说，做销售不要那么老实，不管采用什么方法，只要把产品卖给客户就行了，至于以后的事情，不用想那么多。我相信现在仍然有很多销售员会这么想。这里我想说的是，这种想法完全是错误的，是一种短浅的销售方法，是一种不负责任的做法，应该弃之。

抱有这种态度的销售员是做不大的，永远只是辛苦地徘徊在温饱线边缘，因为他没有责任心。

为此，在与客户沟通的过程中，你需要带着强烈的责任心，具体需要把握以下三个方面：

(1) 与客户沟通前

这是与客户沟通的准备阶段，你需要站在客户的角度全面考虑客户的需求，甄选出最好的沟通方案。

(2) 与客户沟通中

沟通的过程中，时刻为客户考虑，尽量罗列出一些有利于客户的产品方案供其挑选，多用一些比较容易拉近距离的词汇，比如“咱们……”、“咱公司……”等，提升你对客户的重视度。

(3) 与客户沟通后

沟通结束后，后期可能会出现一些问题，这时销售人员要敢于承担责任，积极公正地为客户解决疑问。

3. 会听的人才会说

俗话说：“听君一席话，胜读十年书。”仔细推敲这句话，如果你没有听明白“君”的一席话，那么你就不会有“胜读十年书”的感悟。因此，这句话的成立有一个基本前提，那就是听懂“君”的话。

在人际交往沟通中，“听”懂对方的话是一个非常重要的技巧。也许你会问，都是中国人，都说汉语，除非你说外语，要不怎么会听不懂呢？

我这里所要讲的“听”并非我们一般意义上的听，而是通过对方表面的语义听懂言外之意。也就是说，在销售沟通中，要想与客户达到深入的沟通，应该把自己的“听力”放在最前面，深入分析客户的语言，说一些有利于和客户沟通成交的话。

在与客户沟通的过程中，是否善于倾听是能否成交的决定因素。首先，从人际沟通的习惯来讲，任何一个人都希望对方能够认真倾听自己所讲的内容，这样对方会愿意讲更多的内容；相反，对对方的话听而不闻的人，会让对方有一种不被尊重的感觉，从而影响随后的沟通效果。

其次，如果客户愿意讲更多的话，对于销售人员来说，有助于了解客户更多的信息，有助于最后的成交。

因为工作关系，我经常要为一些学员讲课。对于讲课，我一直充满着激情，也坚信，通过把我的知识传授给讲台下的学员，他们会更加强大，更加有能力。但是，在讲课的过程中我总会遇到这样一种情况，始终影响着我对讲课的热情。当然，现在的我，已经能抵抗任何影响我讲课的负面因素了。

记得好几年前，我为一家企业讲销售技巧的课程，在我激情饱满地为学员们讲开发客户技巧的时候，看到学员们认真的样子，我的激情被点燃了，滔滔不绝地讲了一些我刚研究证明的东西。就在这时，我用余光发现一个学员在打电话，顿时讲课的激情被影响了，但我马上做了调整，恢复了讲课热情，并用眼神示意该学员注意听课。

过了一会儿后，我看见对方不打电话了，而是低头开始发短信。我第一次感受到不被尊重的感觉，说话的声音也降低了很多，本来要讲的内容似乎也变得模糊了。这一状态大约过了一分钟后，我意识到我是一名老师，老师的职业道德不允许我因为这样的负面因素影响我的情绪。

因此，那一节课给我的印象特别深，让我更深层次地认识到了听话与讲话之间的关系，意识到了“听”的重要性。

问题解析

我们来做一个假设，假如我是一位客户，而当时玩手机的那位学员是销售员。当我向其咨询问题的时候，我肯定不会买他的产品，不是因为他的产品不好，而是因为他人“不好”。他让我感到自己没有被尊重，因此我会放弃。

“红顶商人”胡雪岩是一个善于沟通的人，曾经有人这样评价他的沟通技巧：“胡雪岩的手腕也很简单，胡雪岩会说话，更会听话，不管那人是如何言语无味，他都能一本正经，两眼注视，仿佛听得极感兴趣似的。

同时，他也真的是在听，紧要关头补充一两语，引申一两义，使得滔滔不绝者，有莫逆于心之快，自然觉得投机而成至交。”

以上这段对胡雪岩的评价也正好道出了销售中“倾听”的关键。

深入解惑

在人际交往中，很多人都有这样的交际经验，在倾听朋友的谈话时，特别是朋友情绪不佳时的谈话，你总会认真地听，并做出适度的应答，其目的是安抚对方的情绪。这样做反映了一个人的素养和交往技巧。而且这类人一定是一个有耐心、虚心和爱心的人，在朋友圈中，他总是很受欢迎。

作为一名销售人员，我们不但要善于倾听，而且还要懂得倾听。在与客户谈判的过程中，倾听往往要比劝说更重要、更有用，因为它能够充分调动客户的积极性，让客户感觉到和你有一种亲近感，从而产生沟通的欲望。

懂得倾听的人一定能够赢得客户的信任，而话多的人未必能够赢得客户的信任。因为话多的人往往会锋芒毕露，过分的话会让人觉得言过其实，给人一种油嘴滑舌的感觉，甚至会出现祸从口出的情况。而认真的倾听就不会出现以上那些弊端。它给人的感觉是谦虚、稳重，值得信赖，而且还能够减少一些与对方的观点冲突，避免误会，这一点对于销售人员和客户来说非常重要。

比如有些销售人员似乎比较强势，倾向于别人跟着自己的观点走，否则就会说个不停。这类销售员很容易让客户烦躁，不利于与客户之间的沟通。此外，我们还需要注意以下两点：

（1）切忌抢话插话

在客户话没有说完之前，切不可在没有征得客户同意的情况下插话或者抢话。这是一种不礼貌的行为，特别是在今天“客户就是上帝”的时代，很容易丢失客户。

（2）切忌随意反驳

在与客户沟通的过程中，客户有些观点可能是错误的。这时有些销售人员在客户还没有说完时就开始反驳某些观点，这必然会影响“听”的效果，而且还会给客户留下负面印象。对于一些客户不认同的观点，一方面可以保留自己的意见，一方面在不引起沟通冲突的情况下，如果涉及最后的成交，在客户表达完他的观点之后可以客观地进行评价，且不可激烈地反驳。

4. 幽默，瞬间拉近与客户之间的距离

在人际交往中，幽默的语言可以解决很多用常态方式无法解决的问题，与客户之间的距离可以迅速地拉近，从而让沟通气氛变得和谐自然，同时也会让一些尴尬的问题瞬间消失。

每个人都喜欢与幽默的人打交道，喜欢和他们交流、做朋友，因为对方的幽默能够让自己感到愉快并放松。对于客户来说，你的幽默能够让他放下一些心理戒备，从而用一种开放的心态与你交流。这时，客户会更愿意倾听你所说的话。

此外，幽默的语言是建立与客户之间信任、巩固彼此关系的最好方法。很多时候，我们面对的都是陌生客户，谈话的气氛往往会比较凝重，甚至是尴尬，沟通必然有一定的阻碍。这时，利用幽默的语言进行调和，可以缓解当时不利于沟通的尴尬气氛，让沟通更加顺畅地进行下去。而且客户会以一种愉悦的方式把你深深地记住。

大家都知道，我是做销售出身的，尽管那时候做的是终端销售，但是让我学习到了很多东西。

记得那一年我在一家销售公司做顾问，做得还不错，一段时间后领导准备提升我为销售总监。当时我的一个客户准备要签约，要与销售总监见面谈，我就去了。见到客户说明来由后，客户说："怎么是你来了呢？我要见的是你们销售总监啊！你们销售总监呢？"

我微笑着说："因为和您前期沟通得很愉快，老板刚把我升职了，这不就成为销售总监了！"

客户听我这么说，顿时没那么尴尬了，说笑间我们的关系就亲近了很多。

我们再来分享一个关于爱因斯坦和他的相对论的故事。话说有一天，爱因斯坦在滑冰的时候摔倒了。这时有人想借机讽刺一下爱因斯坦的相对论，于是这人扶起爱因斯坦后说：“爱因斯坦先生，根据您的相对论原理，刚才您并没有摔倒，而是地球刚刚颤抖了一下对吗?”

爱因斯坦微笑着说：“我不反对您的说法，但这两种理论对我来说，结果都是很疼的。”

听到爱因斯坦这样说，两人相视而笑。

问题解析

“幽默”这一概念在我国的发展并不是很长，最早发源于西方，大约在20世纪20年代的时候才引入我国。当时，我国的文学大师林语堂曾说：“幽默本是人生之一部分。”可见，幽默对于一个人来说是非常重要的。

幽默是一种高雅可贵的情趣，是智慧的结晶，更是一种能力的体现。如我在前面所讲，具有幽默感的人是很招人喜欢的。他们往往处事灵活，能够更加容易地与他人沟通。

特别是销售员与客户之间，在最初沟通或谈判的时候总会存在一些紧张、冷淡的情绪，这时销售人员如果能够有一些幽默的沟通方式，那么就等于是在僵硬的、锈迹斑斑的齿轮中，注入了几滴润滑剂，能够使双方的关系迅速融洽起来。

其原因就是：幽默具有把人带出尴尬境地、引发笑声、化干戈为玉帛的特殊功能。相信我们大家都有这样的体会，和幽默风趣的人相处，会觉得特别愉快，心中不会有那么多的顾虑。特别是在与客户洽谈协议的时候，巧妙地运用幽默，能够推进成交的速度，提高销售业绩。反之，如果你是一个不苟言笑、不善于幽默、缺乏幽默感的人，那么客户可能就会对你“敬而远之”，甚至阻碍成交的顺利进行。

深入解惑

幽默虽是化解尴尬的良药，能够拉近销售员与客户之间的关系，能够促进成交的顺利进行，提升销售的成交率。但是，有一些原则我们需要把握，否则，就会弄巧成拙、事与愿违。

（1）如何培养你的幽默感

①扩大自己的知识面

幽默是一种智慧的体现。你只有拥有丰富的知识，才能够有足够的谈资，才能妙言成趣。因此，要培养自己的幽默感，首先要善于学习，不断地充实自己。

②乐观宽容地对待客户

幽默也是一种宽容的体现。在与客户沟通的过程中，善于体谅客户，拿出自己的风度，然后再适当地加以幽默，这样客户会更容易接受你。

③善于观察

提高自己对事物的观察力，培养机智、敏捷的能力，这是提高自己幽默感的重要方式之一。因为只有你快速准确地捕捉到事物的本质，才能准确地运用恰当的比喻和诙谐的语言，让对方产生轻松的感觉。

④不嘲弄他人，避免低俗的幽默

不要把嘲弄他人当成是一种幽默，这种幽默在交流中是最不可取的，因为它会被客户当成一种对自己的不尊重。当你对客户不尊重时，当然客户也不会尊重你。此外，要避免把低俗当幽默，否则，会让客户有一种不可靠且不够稳重的感觉，无法赢得客户的信任。

（2）幽默使用要点

①巧妙的自我调侃

这种方式可以体现出你平易近人的一面，是一种较为保险的幽默方式。自我调侃式的幽默可以化解尴尬的气氛。比如苏格拉底在一次被老婆骂了之后，当着众多朋友的面被泼了一盆水，正当大家尴尬得不知如何好时，苏格拉底却不慌不忙地说："我就知道打雷之后，一定会下雨。"尴尬的气氛马上被巧妙地化解了。

②认真倾听，后用幽默

在使用幽默的语言来拉近与客户之间的距离之前，一定要认真倾听客户所说的话，先判断出客户的性格及风格是否适合采用幽默的策略来沟通。因为有些客户可能不喜欢幽默，这时你使用幽默与其沟通可能会起到相反的作用。

③把握时机，把握分寸

幽默要适可而止，不要太过。打开客户的“心扉”畅所欲言即可达到目的。不要无节制地一直幽默下去，这会让客户感到无厘头，甚至把你当成小丑。掌握好时机，巧妙地运用幽默会让你赢得客户，但是不要不合时宜地讲笑话。

5. 问客户是一种技术

问话是深入了解对方的方式之一，也是促进沟通的策略之一。通过问话，可以找到更适合双方沟通的话题；通过问话，可以为对方提供更好的服务方案或产品等。

其实一些优秀的销售人员在最开始与客户沟通的时候都是不断发问的，比如：“你买车主要的用途是什么呢?”“不知道您平时都喜欢做什么呢?”“您为什么会从事目前的工作呢?”等等。

通过这样的方式便顺其自然地与客户展开了沟通，而且如果是客户感兴趣的话题，他会更愿意与你交流。此外，每一个人都希望被了解、被认同、被关注，这是人的本性。而让对方感觉到被认同、被关注的最好方式之一就是问话，然后仔细听他讲。

很多人都有表达自己的一种欲望，客户也是一样，只是他们很多时候找不到合适的话题或者对象。而销售人员通过问客户话可以寻找到合适的话题，建立这样一个对象。从心理学角度讲，这对客户来说也是一种需求的满足。

2007 年 8 月 1 日，在美国发生了一件桥坍塌的事故。也许你会有此疑问：“桥坍塌的事故世界各地天天都在发生，今天讲这个事故有什么用呢?”

这个问题提得非常好，因为你心中有这样的疑问，所以今天我们会把这个事故进一步地解读。看到了吧，这便是提问的优势。

这座坍塌的桥是美国明尼阿波利斯市（位于明尼苏达州州）密西西比河上的I－35W桥梁。事故发生后，明尼苏达州的交通部马上安排对桥梁进行重建，因为重建此桥要2.5亿美元的费用，所以该地区交通部进行了严格的项目招标。

参加竞标的单位很多，可最后的结果却出人意料。因为最终确定获得该项目修建资格的单位，是所有竞标单位中唯一没有在明尼苏达州修建过桥梁的单位。而且，在所有参加竞标的公司中，中标这家公司的成本最高，交工时间最长。

听到这个结果后，竞标失败的几家单位意见非常大，觉得有不可告人的黑幕存在。事实上，美国是一个法治比较健全的国家，在当时，违反规定的黑幕交易是不可能出现的。最后，几家竞标失败的单位质问明尼苏达州的交通部："我们的价格和速度不比那家差，为什么那家公司会中标?"

负责该项目的交通部在发言中说："建桥的价格和速度不是这个项目唯一的考虑因素。"

失败的几家单位又抱怨说："关于这一点，你们可从来没有告诉过我们啊!"

该项目负责人说："你们从来也没有问过我们啊!"

问题解析

分析以上案例，从另一个角度看，为什么造价最高、工期最长的那家单位会中标，其最大的原因就是——提问。这家单位的工作定位是：找准客户需求和需求背后的原因。因为有了这个定位，所以他们展开了提问。而其余几家单位却想当然地把价格和工期作为竞标的主要因素。因为是想当然，所以他们没有意识到，也觉得没有提问的必要性。

我一直特别喜欢这个故事，因为它更深层次地揭示了销售的精髓。它告诉我们，一个优秀的销售人员不能想当然地去做销售，这种做法是盲目的，而是要懂得向客户“提问”。

俗话说：“说得好，不如问得好。”通过提问，你可以了解客户的真正需求，从而为客户提供最佳的方案和产品；通过提问，你可以找到与客户沟通的最合适的话题，有助于更快拉近与客户之间的距离。

深入解惑

在与客户沟通的过程中，一个巧妙的提问往往会在很大程度上改变一次交易，决定成交的效率以及最终是否能够成交。在我见过的一些优秀销售员当中，他们大多是提问的高手，而且往往具有非常丰富的提问技巧。下面关于销售提问技巧，我与大家分享一二。

(1) 有计划地提问

在问客户问题时，不要连续性地进行询问。如果你接二连三地问客户一些问题，客户会觉得你是在拷问他，而不是在平等地沟通，这样很容易让客户产生抵触情绪，故而不回答你的问题。因此，将要问的问题做一个计划，恰当地进行分割，进行阶段性的提问。这样会给客户一个充足的回答问题的时间，构建出轻松、活跃的沟通气氛，而不是让客户产生被拷问的感觉。

(2) 让问题客观一些

很多销售人员都有这样一种误区，认为向客户提问就是诱使客户回答出有利于成交的答案，或者是利用提问强迫客户接受自己的观点。这是一种错误的销售观，这不叫销售，而是忽悠。

比如有些销售人员会问客户：“为什么你觉得这是一个优秀的产品?”“你觉得我们的产品和同类产品相比，它的优势在哪里?”等等。这样的问题意图是引导客户做出肯定的回答，但显然，这种问题是主观性的。任何一个聪明的客户都会看出销售人员的目的性，由此会产生反感的情绪，即使客户回答了，也未必是真实的答案。

(3) 善用开放式提问

所谓开放式提问，是指客户需要围绕这个问题回答更多的内容，而非简单地用“是”或者“否”来回答。这类问题的目的是鼓励客户做出更加深入或详尽的回答，获得更多有用的信息。

比如：“您对我们的产品了解有多少呢?”“关于我们公司，您都有哪些了解呢?”等等。

在提出开放式提问后，销售人员需要耐心地等待，不要轻易地插话，因为客户可能需要回忆及思考；或者鼓励客户真实大胆地告诉你信息，这样你会获得更多有用的信息，甚至有时候还会对你的销售工作提出一些建议，这将是非常难得的。

(4) 巧用封闭式提问

前面我说过一些封闭式提问的弊端，但并不是说销售人员不能用封闭式提问，而是要巧用。封闭式提问的优点在于能够有效控制谈话的主动权，提高谈话的效率，会避免一些与销售无关的话题。但有一个前提，那就是前面讲到的客观提问。

此外，在使用封闭式提问时，要确定你已经了解了客户的需求和兴趣点，这样利用封闭式提问可以提高销售效率。否则，不宜采用封闭式提问。

(5) 问题要明确，容易理解

有些销售人员会将几个问题融合在一起进行提问，比如：“请问你多久会订货一次并全部销售出去?”这样的问题显得有点复杂、冗长，会让客户难以清楚地回答，因此，复杂、冗长的提问要避免。

此外，问题不能太长，太长的问题会显得烦琐，而烦琐的提问容易让客户产生厌烦的情绪。所以，提问应尽量做到简单、明确，不拖泥带水。

(6) 有趣的证明式提问

有时候当你问出问题后，客户可能会拒绝。为此，当你了解到客户可能会有这样的心态后，不妨用一些证明式的提问，比如：“你们公司的用货量很大吗?”“你们的设备是全自动的吗?”

如果客户做出否定的回答，就等于承认自己有需求，这时销售人员可以顺势展开销售沟通工作。

一个好的提问，能够促成一笔生意；而一个不当的提问，可以葬送一笔生意，为此，销售员在向客户提问的过程中，需要注意以下几点：

(7) 恰当选择提问的时机

①等待客户充分表达完之后进行提问。过早或过晚的提问会打断客户的思路，影响客户回答问题的兴趣点。

②在客户没有回答完第一个问题前，不要提出第二个问题。

③问题要有逻辑性，避免东一问西一问，盲目地提问。

④提问时注意对方的情绪，在对方情绪状态高涨时应多问，否则应少问。

（8）提问禁忌

①忌用讽刺性、审问式的提问。

②忌用威胁性、指责性的问题。

③提问的语速适中，不要太快也不可太慢。态度、表情要尽量保持与客户同步。

④对方刻意回避的问题不要打破砂锅问到底，可以采用迂回策略询问。

⑤对于客户敏感性强的问题，在提问前做一下说明，避免产生尴尬的沟通气氛。

⑥提问时注意对方的性格及态度，对不同的客户采取不同的提问方式。比如对方坦率耿直，提问就要简洁；对方爱挑剔、善抬杠，提问就要周密；对方急躁，提问就要委婉；对方严肃，提问就要认真；对方活泼，提问可以幽默。

6. 巧妙的意向客户引导

在探讨意向客户引导之前，首先我们来了解一下何为意向客户。所谓意向客户，就是客户和你公司实际没有达成过交易，但是客户却表达了交易的意向，有购买的欲望。他是一种潜在客户，是可能在将来和你达成交易的客户，意向客户都有或强或弱的购买意向。

从成交的角度分析，意向客户与成交客户仅只有一步之遥，因为他已经产生了购买意愿。接下来你与客户是否能够成交，成交的效率如何，就取决于你对意向客户的引导。

在第一时间接触到意向客户时，通常销售人员都会认真地对待，但正确的做法是先对其进行考察分析，比如客户的信誉、购买能力、需求程度等，然后有针对性地进行引导，让客户从意向客户变成签单客户。可很多时候，我们都是与意向客户谈得很好，与客户之间的关系感觉也不错，可客户就是不签单，究其原因就是引导的问题。

有一个南京的学员是做汽车销售的，那一天他来听我的课程，中场休息的时候他问了我一些问题，其中有一个问题印象比较深刻。他问我：“对于意向客户，怎么样才能够快速成交呢？”

当他问这个问题的时候，我第一反应是觉得很好笑，既然已经是意向客户了，那么和其成交是多么简单的事啊！可我仔细想一想，这个问题一点也不好笑，它正是困惑很多销售人员的难点之一。之前我们一直讲如何寻找意向客户，如何与客户沟通，却恰恰遗忘了如何让意向客户百分百地成交。

对此，我问该学员：“你一般是怎么做的呢？”

该学员说：“通常我都是极力地维护好与客户的关系，但最终有些客户还是不能够成交。”

我问：“你有没有对意向客户分类呢？”

他说：“没有啊，我觉得他有需要就极力地向其推荐了。既然是意向客户，我觉得没有必要再分类了吧！”

我说：“好吧，那么你有没有找机会、找借口与潜在客户接触沟通呢？”

他说：“这个还真没有，我与潜在客户的沟通都是很自然的，要不他打电话给我，要不我询问他考虑得如何等。”

我说：“既然这样，你先做好我刚说的这两点吧，然后我们再进一步沟通好吧。”

他答应了，并在两个月后我们进行了一次电话沟通，结果是他按照我说的去做了，潜在客户成交率升高了。

问题解析

确定潜在客户是销售的根本；如何与客户沟通，引导潜在客户成交是销售的关键。案例中，学员之所以会提出这样的问题，说明他认识到了引导潜在客户的重要性。而在当下，很多销售人员还没有意识到这一点，这是我们需要加强学习的。

对于意向客户，我们首先要进行一个分类，具体可参考以下标准进行：

(1) 有兴趣的客户

对这类意向客户，销售人员要及时跟进，加速处理，尽可能多地获得客户的信任，过渡到下一个环节。

(2) 正在犹豫的客户

对于这类客户，在沟通的过程中不要过多地推销自己的产品，而要先了解客户，比如他的兴趣、需求等，以拉近与客户的距离为主。

(3) 近期不购买的客户

对于这类潜在客户，销售员要以与其维持良好关系为主，与客户保持良好的沟通，逐步确定此客户购买的时间。特别是在做活动期间，向客户介绍活动的内容，探听客户购买的意向强度。

(4) 报过价而没有回音的客户

对这类潜在客户，很多人进行一次回访后都会轻易地放弃，这是一种资源的浪费。正确的做法是电话询问一下客户对产品的售后服务、产品质量、使用细则等还有什么不明白的地方，再做进一步详谈。对于客户比较看重的因素着重攻击，比如价格、采用灵活方式、现款提货、优惠 5 个点等方式，诱使客户做出成交。

深入解惑

将意向客户转为签单客户，有以下几种销售逻辑我们可以作为参考：

(1) 把握流程

很多事情都需要一个流程才能够更好地完成，急功近利反而会让事情进行得更慢。比如拿一个人的婚姻说，大致要经过认识、沟通、接触、牵手、接吻、结婚等步骤。如果你想从认识直接到结婚，这其中必然会出现一些麻烦。很多销售人员对于意向客户的引导，往往在这一环节做不是很好，都想从沟通直接到成交，这样反而会让成交变得困难。为此，引导意向客户不能急于求成，不该省略的程序万万不可省略。

(2) 巧妙跟进

有些意向客户为什么最后会跟丢，买了别人的产品？原因就是客户跟进出了问题。比如有些销售员在跟进的过程中，客户告诉他说：“半年之后才会购买产品。”于是销售员半年不联系客户，等到联系的时候才发现客户已经购买过了。为此，销售员对意向客户要有一定的黏合性，找不同的借口、不同的机会、不同的时间和客户沟通，先和客户建立起感情，这样客户即使提前购买，也不会在不通知你的前提下做出购买决定。

(3) 促销方法技巧

用一些方法促进意向客户的成交。很多方法也许你之前都用过，比如：仅剩一套法、今天特价法、明天涨价法、分期付款法、订金推动法、体验试用法，等等，这些方法对于爱占小便宜的客户来说是非常有用的技巧。

7. 成功的说服在于有差别的定位

在与客户沟通这一环节中，如何能够说服客户接受你的产品，一直是本环节的重中之重，也是很多销售人员一直苦苦研究思索的问题。

如何说服客户？大多数销售人员都有这样一个共识——首先说服自己。告诉自己自己的产品是最好的，是能够帮助客户解决问题的，建立自信和勇气。这是成功说服客户的基础。记得我第一次做销售的时候，因为胆怯的原因，谈客户时缩手缩脚，名片都忘了给对方，谈产品则吞吞吐吐。最后没有把客户说服，反而是客户把我说服了。这一点相信我们大多数销售人员都深有体会。

当然，要说服客户，仅仅说服自己是远远不够的，说服自己是说服客户的基础。**此外，销售人员还需要对客户进行定位。这是销售中说服客户最核心的问题。**没有一个好的定位，就无法把握全局，也就无法创造出核心业务的最大值。

在我刚开始创业的时候，有一个非常好的铁哥们和我一起从事销售工作，只不过我们不在同一个领域做销售，他从事的是礼品销售工作。

他和我一样工作非常努力，也非常好学，床头总会有一堆学习资料，平时经常一起跑图书馆充实自己、听老师的课程学习销售技巧，等等。那时的我们像当下很多年轻人一样，朝气蓬勃，浑身牛劲。

那时候的他是非常善于言辞的，沟通能力很好，最起码当时比我优秀。因为所销售产品的性质，他面对的客户大多是女性。我当时就想，像他这样能说会道的人，一定能够说服很多客户，必然会取得优异的业绩。

可让我没想到的是，他的销售工作变得被动起来了，始终无法打开局面，很长时间一直找我寻求解决的方法。因为当时我也是刚入销售行业不久，我们始终苦思不得其解，为什么会失败呢?

后来随着我对销售工作的不断研究与深入认识，加上销售一线的实践，我知道了原因。他的问题就在于缺乏对客户的定位，虽然他能言善辩，但殊不知女性是一个特殊的消费群体，用平常的办法肯定行不通，所以他会失败。

问题解析

对我那位朋友的销售失败进行深入分析，主要原因有二：其一，不了解女性消费心理；其二，女性喜欢被别人认同，所以要注意倾听她们的说话。而这两个原因就是我今天要讲的客户说服定位中的浅客户定位中的内容。

在对待客户的态度上，我们不能分为三六九等，但是在说服客户的策略方法上，我们需要将其细分。因为所销售产品的不同，客户的性别、层次等有所不同，在说服客户的过程中，需要将客户分为不同的等级有针对性地说服。

比如我这位朋友，他销售的是礼品，针对的主要是女性客户，这类客户往往比较冲动，通常会通过第一印象就决定是否购买该产品。因此，要与这样的客户有一个很好的沟通，你可能要学服装、化妆等业余知识，以此来打入她们的圈中。

深入解惑

在销售说服客户实战中，我们将针对不同的客户进行有差别的定位，分为：浅客户定位、深客户定位和组合客户定位。下面我详细地做一介绍：

(1) 浅客户定位

所谓浅客户定位，是指客户在对你及你的产品进行一次全方位的考察之后的第一印象决定着最终是否会购买。当下很多销售人员都在失败之后抱怨：我觉得我做得挺好，怎么沟通之后，还是不能够说服客户呢？其原因就是忽视了客户的基础定位，销售员没有完全了解客户对你及产品的衡量标准。这类客户通常会从以下几个方面考虑是否决定和你成交：

①**销售员的形象。**主要指销售员的容貌、衣着、气质及行为举止等。对于快消品，客户往往会从这几个方面衡量你的产品及公司实力。

②**销售员的素养。**主要指销售员的气质。在说服客户的时候，要谨记商务礼仪，注意沟通细节。

③**销售员的专业知识。**业内客户通常会问很多关于产品的问题，这时你的专业知识强度就决定着客户是否应该对你信任。

④**销售员的业余知识。**指除专业知识以外的知识量。比如案例中那位同事，与女性沟通，不光要懂专业知识，更要学习一下女性比较关注的知识点，比如服装、化妆等。

⑤**销售员对客户的了解。**全方位地了解客户，有助于在说服客户时做出针对性的策略。比如客户习惯加班到很晚，那么你就不能放弃在你下班后和客户沟通的机会。

(2) 深客户定位

所谓的深客户定位，通常是指客户的高级定位。客户通常会从以下几个方面考虑是否决定和你成交：

①**专业性。**这类高级客户工作的每个程序通常会有严格的计划，因此和这类客户沟通时要有很强的条理性。比如和经理级的沟通控制在5～10分钟；专员级的控制在10～15分钟，最长不要超过20分钟。这样便会体现出你的专业性，对说服对方更有利。

②**权威性。**这一点万不可忽视，因为权威是你的招牌，它可以提高你

的声望。如果你销售的产品有很大的广告效应，不妨搬出来展示一下，这会更有说服力。

③**文化性。**每个公司都有自己的文化，特别是一些大公司大集团。和这类高级客户沟通，要想说服他们，企业文化或产品文化不可不谈。

④**延续性。**销售是全天候的工作。客户高级定位是一对多的映射，一个客户后面可能就隐藏着250个潜在客户，这就是所谓的延续性。所以，在说服客户时，要全面考虑。

(3) 组合客户定位

所谓组合定位客户，是指将深浅客户的定位整合在一个目标群体中，具体有以下几个方面需要注意：

①**大众性。**有些客户在购买商品的时候，往往存在多个决策人，需要他们坐在一起商量。这样他们做出决策的时间就会加长。同时，成交会变得困难，因为众口难调嘛！所以，对这类客户，销售员要攻其心、乱其阵。

②**透明性。**这点主要是销售的透明性，比如政府投标、团购等业务，客户往往会发标书，然后公开竞标，最后从中选择一到两家。对这类客户，销售人员要想说服对方，需要注重公司的形象、公司的口碑、公司公众形象、产品的价格。这四方面是最重要的。

③**沟通性。**对于不同的客户采用不同的说服性销售观。比如有些客户难以沟通，这时你需要鼓励对方多说一些；有的客户很健谈，知识量丰富，往往会偏离销售主题，这时销售人员需要注意，防止让客户牵着鼻子走。

8. 建立客户对你的信赖

不管是从书本上，还是各种视频、媒体以及其他渠道，你会看到很多人对销售做了不同的定义。尽管内容不同，但大同小异。我认为，销售就是一个说服客户相信你的产品或服务的价值远远超过他所支付的价钱的过程。

销售大师BRIAN TRACY曾说："销售是一个用承诺换金钱的过程。"这句话说得非常有道理，但是要实现这一过程，有一个非常重要的核心，那就是赢得客户的信任，必须让客户相信你。只有相信你，客户才会相信你的承诺，才会愿意把钱交给你。

我时常会看到，有很多销售专家都在教导销售员各种销售技巧、销售策略，如何把钱从客户身上掏出来的诀窍等。而我认为，对于初入销售行业的人来说，首先学习的不是这些，而是学会如何销售自己的“信任”。先将你的信任卖给客户，让客户接受，然后再销售你的产品，这样会更加容易。

我经常会接到一些销售人员的电话，当然目的不是和我闲聊，而是推销他们的产品。在这些电话中，他们在向我推销的时候很多听起来像是在背销售台词，这让我很是觉得无趣。甚至我能够很明显地感觉到，他们的目的就是想从我包里拿钱，这让我很自然地产生了反感情绪，结果当然是果断的拒绝。

记得在2008年1月4日，我启动了一次贵宾级顾客感恩答谢会。为了举办这次活动，我精心准备了5天。做这个活动唯一的目的就是感激一直支持和鼓励以及帮助过我的老顾客和会员。因为我觉得没有他们长期的支持，就没有我彭博今天的成绩。

因此，这个活动是我发自内心的感激。活动赢得了很多朋友的赞誉。活动结束后，很多老客户一直和我保持着密切的合作关系，而且越来越多的朋友主动找到了我，要和我进行合作，这让我很高兴。为什么会有这样的情况呢？原因很简单，就是我赢得了客户的信任。

事实上，这样的客户感恩答谢活动我几乎每年都会举行，一方面是真心感谢客户对我的支持，一方面是将自己的信任出售给客户。让老客户看到我的真诚，让新客户看到我的真心，建立客户对我的信赖。

也正是因为这些活动，让我和老客户一直保持着密切的合作关系，一些新客户也会慕名而来，主动找我进行业务合作。

问题解析

几乎所有优秀的销售员都有一个共同的特点，那就是——讨人喜欢。

不管是他们的开场白，还是后期与你的沟通，都会让你感觉到是一种享受。但是你会发现，一些在你面前只是玩弄销售技巧的销售员，你会时刻保持警惕心理，生怕被对方忽悠了。

为什么你会有这样的反应呢？因为你不信任他。反过来讲，就是销售人员没有赢得你的信任，所以在沟通中，你总会保持一种警惕。

在销售过程中，80％的部分是一种心理状态，只有20％是技巧因素。也就是说，销售员在使用销售技巧前，首先要在心理上赢得客户的信任，让客户喜欢你。通常情况下，热情的人讨人喜欢，诚实的人讨人喜欢，付出的人讨人喜欢，负责任的人讨人喜欢，感恩的人讨人喜欢。总之，以赢得客户信任为原则与客户进行沟通，一定会让客户喜欢你。

深入解惑

让客户信赖是与客户良好沟通的基础，那么，如何建立客户对你的信赖呢？以下几点需要注意：

（1）专业的知识

你的汽车出了问题，一个你不熟悉的人说要给你修车，你会信任他吗？相信你肯定不会，因为你觉得他是不专业的。你不知道他对汽车了解多少，对维修了解多少，所以你是怀疑他的。

同样的道理，作为销售人员，首先你要有专业的产品知识，并且让客户看到你的专业知识，这样有利于建立你与客户之间的信赖。

（2）巧妙的见证

俗话说："眼见为实，耳听为虚。"说的再好听也只是口头上的。在你向客户滔滔不绝地介绍产品优势的时候，客户肯定会想："OK，假如你讲的都是对的，那你证明给我看！"这个时候，你就需要证明给客户看，让客户知道你说的都是真实的。

（3）诚实沟通

前面我说过，销售是一个用承诺换金钱的过程。既然是承诺，那么就不要答应客户一些你做不到的事情，实事求是地与客户沟通。因为如果一个人不够诚实，那么就很难让人信任。尤其是在今天，销售已不再是一次性的交易，而是一个关系型的行为。如果让客户知道你说了谎话，那么，这个关系就会断裂，继而销售就会终止。

因此，作为销售人员，如果你不够诚实，那么客户将再也不会信任你。无论你说的产品有多么好，他们都会觉得你在说谎。那么你的承诺就再也交换不到金钱了。

(4) 巧用大客户

运用一些大客户的名号，可以提升产品在客户心中的地位。记得以前我在做销售的时候，有的客户会问："我为什么要用你的产品呢？你的产品能够解决我们的问题吗？"

这时，我通常就会展示出我们曾经帮助 IBM，帮过惠普，帮过施乐的记录，证明给客户看。客户在看到我们曾经为很多大公司合作过后，对我也就渐渐地信赖了。

本章测试

看看这一章你学到了多少？

1. 由于市场波动，最近你销售的产品可能会降价。这时，面对近期即将成交的客户，你会怎么做？

A. 告诉客户详情，让对方自己决定。

B. 不告诉客户，当客户问到时 粗略描述。

C. 不透露蛛丝马迹，先成交再说。

2. 当你向客户介绍产品时，客户一直会提出一些不相干的问题，影响了你介绍产品的效果，此时你会：

A. 有意识地引导客户回到正题，然后继续介绍。

B. 要求客户先别提出问题，直到你把产品介绍完。

C. 纵容下去。

3. 当你和客户讨论事情时，你的手机响了，是一个陌生的长途电话，此时你会：

A. 接通后告诉对方你正在讨论重要的事情，待会再回电话。
B. 挂断电话，设置静音，继续和客户沟通。
C. 接电话，而且该说多久就说多久。

4. 有位客户要求你周末晚上进行沟通，而正好周末晚上你有一个聚会需要参加，此时你会：

A. 爽快地答应客户的要求。
B. 向客户说明情况，然后婉拒，另行约定沟通时间。
C. 找一个更加完美的借口拒绝。

5. 和一个陌生客户打一片，一般你需要多久？

A. 一次沟通即可。
B. 2 到 5 次的沟通。
C. 5 次沟通以上。

6. 有位客户对你说，“关于你们的产品，有件事我本不应该告诉你的，但你有没有听到……”这时你会说：

A. 谢谢你告诉我这件事情，能告诉我详情吗？
B. 这件事情需要进一步核实，现在还不好下结论。
C. 这都是流言蜚语，不可信。

7. 你觉得你的口头表达能力如何？
A. 很好　　B. 一般　　C. 很差

8. 你能很好地运用肢体语言与客户沟通吗？
A. 完全可以　　B. 有时可以　　C. 不能

9. 一个陌生客户，你能很容易地获得对方的信任吗？
A. 完全可以　　B. 有时可以　　C. 不能

10. 你能影响客户接受你的观点吗？
A. 可以　　B. 有时可以　　C. 不能

11. 与客户交谈时，你能注意到对方所表达的情感吗？
A. 可以　　B. 有时可以　　C. 不能

12. 你是否能用简单的语言来表述复杂的意思？
A. 可以　　B. 一般　　C. 否

13. 在老客户的眼中，你是个值得信赖的人吗？
A. 是　　B. 一般　　C. 不是

14. 你能积极引导客户把自己的想法准确地表达出来吗？
A. 可以　　B. 有时可以　　C. 不能

15. 你是否善于倾听，不会将自己的观点强加于客户？
A. 是　　B. 有时　　C. 不能

测试标准：

选择A得2分，选择B得1分，选择C得0分，然后将各题所得的分数相加。

（1）**总得分为22～30分**，说明你的沟通能力很强，是沟通高手，口头表达能力强，说话简明扼要，很容易让客户接受你的观点。

（2）**总得分为15～21分**，说明你的沟通能力一般，你的沟通能力发挥得不稳定，有时会引起沟通障碍。要想提升自己的沟通能力，就要努力锻炼。

（3）**总得分为14分及以下**，说明你的沟通能力差，在与客户沟通的过程中，想要表达的意思常常被客户误解，常给客户留下不好的印象，甚至无意中会对客户造成伤害。

第七章

异议处理——植入“一切问题都不是问题”的理念

在销售过程中，客户有异议是常有的事情，几乎任何一个客户都会有这样那样的异议。对于客户异议，不同的处理方法会产生不同的结果。如果销售人员能够很好地解决客户异议，不仅能推动销售进度，还能够提升销售业绩。那么，究竟怎么做才能打消客户心中的顾虑呢？

1. 价格异议：价格不再是“价格”

“什么！开玩笑吧，你这也太贵了吧，便宜一点！”在日常生活中，不管是商场还是超市，你经常会听到这样类似讨价还价的话，也许这些话就是你经常说的，也许是别人说给你听的。意思很明了，对价格有异议，如何处理呢？

如果降低价格，很明显，你的利润也会跟着下降。此外，你准备降多少，如何降，客户能够接受什么样的价格等，这都是问题。如果你不降低产品价格，客户提出的价格异议可能就无法解决，要么出现僵持局面，要么客户放弃购买你产品的想法。这对自己来说，必然是一种损失。

因为在销售中价格异议是经常出现的一种异议，所以，学会如何处理价格异议就成为了每一个销售人员的必修课程。

前几天和朋友一起去旅游，来到一个景点后，发现有很多卖当地特色产品的，看着都挺漂亮，我那朋友就有了购买的冲动。

朋友挑中了一个精美的牛仔帽子，于是我问摊主多少钱，摊主是一个30出头的妇女。她看了一眼说：“85。”

我说：“便宜点。”

她说：“最低80，再低就没法卖了。”

我那朋友是一个很会过日子的人，也加入了砍价的行列，说道：“这哪值80元啊！再便宜点我们买一个，我是真心想要。”

可不管我们如何说，对方就是不再降价，最后我朋友说：“既然不降价，那我们不要了。”然后准备离开。朋友的意思是借离开之势迫使对方降价，如果对方降价的话就购买了。但是，直到我们离开摊位走了很远，也没见摊主喊我们。

随后，我们在另一个摊位用75元买了一个和之前那个一模一样的帽子。

问题解析

对于第一个销售人员的销售方式，我感到很遗憾，因为她不懂得如何处理客户的价格异议。其实我朋友并不是非要降5元才购买，她不是缺钱的人，只是想要一个面子，在我面前体现一下她砍价的能力。摊主即使不降价，只要送一个1元的小东西，朋友都会高兴地购买。可遗憾的是，第一位摊主没有那么做。

而第二位摊主做到了，他处理客户价格异议的方法是成功的。他只是问我们多少钱要，我们说70，他说取个中间价75吧，然后我朋友很爽快地答应成交了。在面对客户价格异议的时候，如果你连客户心理能够承受的价格都不知道，肯定很难提出可行的解决方案。这便是第二位客户处理价格异议的成功之处。

深入解惑

通常，与客户谈价格是销售的最后一关。也往往是在这一关，很多销售员与客户谈崩了，最后销售失败，其原因就是对处理价格异议的方法没有很好地掌握。下面我们就价格异议处理的方法进行探讨。

（1）将价格讨论放在最后

有些客户在你介绍完产品之后，或者是在没有深入了解产品，只是看到产品外观时就问价格，这时销售人员不要急于告诉客户产品价格，而是将价格问题向后推迟。直到客户完全了解产品，有强烈购买欲望之后再谈关于价格的问题。

（2）价格与价值比较法

当客户提出价格不能接受的时候，你可以把价格和价值分开讲，让客户认识到，价值超越价格。比如住五星级酒店和三星级酒店，享受的服务是不同的，舒适度也是不同的。五星级酒店的服务一定要比三星级优质，这就是价值的差异性。

（3）产品对比法

用同类产品中价格比较昂贵的产品与你的产品进行对比，以此凸显你的产品价格低。比如你可以说：“其实一点都不贵，你看某某产品，和这款功能差不多，需要八百多，将近我们这个价格的两倍啊！”

（4）增值服务平衡法

在不降价的情况，为客户提供一些增值服务，使客户的心理得到平衡。比如送小礼品、延长产品使用年限，等等。

（5）价格分解说服法

将总价格分解，比如一台空调是1825元，一年365天，用10年，分到每天就是5毛钱。也就是说，您每天只需要花5毛钱就可以享受到舒适的温度。

2. 质量异议：避重就轻打消顾虑

“听说这款产品在使用过程中经常出问题啊！”

“我在网上看到关于你们产品的评价，说是转速有时跟不上去，这个很麻烦！”

在销售的过程中，你是否听到过客户这样的抱怨？没错，就是客户针对产品质量的抱怨或者怀疑，内容可能涉及性能（适用性、有效性、可靠性、节能性、方便性）、规格、颜色、型号、外观等方面。

当然，既然客户提出了质量方面的异议，那么肯定是有原因的。比如销售员所销售的产品本身质量就存在着一些问题；或者是产品的价格与质量有很大的差异；或者是销售人员的某些做法引起了客户的误会等，从而使客户对产品质量产生异议；更或者是客户为了拒绝销售人员的一个借口而已。

总之，客户提出质量异议必然是有原因的。这时，销售人员应该认真倾听客户的异议，去伪存真，发掘其真实原因，然后给予正确的处理。

曾经有一个朋友让我陪他一起去买一部车。因为我开车时间比较长，换过好几部车，对车比较有研究，而且，我是做销售出身的，对谈判比较有经验。所以，我这位朋友比较相信我，非要我给他做参谋。我当然是恭敬不如从命了。

这天，根据朋友的要求，我们来到了某品牌汽车 4S 店，朋友看上了该品牌的 A 车。对 A 车我之前也有所了解，因为身边的朋友有开这款车的。为了争取到最大的利益，我们开始和销售顾问进行沟通。

我说：“我有好几个朋友也是开你们这款车的，总体不错，但是听说你们这款车提速不怎么样啊，很慢。”

销售顾问：“不会，怎么会呢，肯定是个人开车习惯造成的，这车提速绝对没有问题。”

我说：“不应该呀，我那朋友也是老司机了呀。”随后，销售顾问微微一笑，不再说话。

接着，我和朋友围着车转了一会，突然想到前几天无意中在媒体上看到关于这款车的报道，我对销售顾问说：“前几天有个视频记录了这款车在合肥高速出事故的事儿，从视频中我发现你们这款车的后悬架不怎么好啊，而且在网上我看到很多人都在讨论你们这款车的后悬架问题。”

销售顾问说：“你的担心都是多余的，后悬架绝对没有问题，我们的技术是……”

听到这儿，本来对这款车很感兴趣的朋友说：“这样吧，我们去别的地方看看其他车型吧!”

就这样，朋友拉着我走出了这家4S店。

问题解析 

我为什么要问销售顾问关于该车质量方面的问题？其实我的目的很简单，一方面是想让销售顾问给我证实我说的这些是不客观的，甚至是不对的，打消我心中的疑虑，最起码能够给我一个充足的理由；另一方面，我是想以此为理由在谈判的过程中争取更多的利益，比如优惠、多送礼品、服务等。

可是，让我和朋友失望的是，对于我提出的关于质量的异议，销售顾问只是一味地否定，认为我们的想法是错误的，而他自己却又拿不出很有力的证据。在这里，销售顾问犯了两个错误：第一，说服我们的态度有问题，语言过于强硬，这只会加强我们对质量异议的疑问度；第二，处理质量异议的方式不对，因为销售顾问的说法和否定丝毫不能减轻我们质量异议的强度，反而因为他不对口的异议处理方式，让我的朋友失去了对这款车的兴趣，最终离开。

深入解惑

质量是一件产品的根本，即使外观再怎么漂亮，包装再怎么华丽，如果质量有问题，那么该商品就失去了应有的价值。对于客户提出的质量异议，销售人员该如何巧妙应对呢？以下几种方法可作为参考：

(1) 产品差别优势强调

在当今高速发展的时代，同类产品已如雨后春笋般天天都有新芽。客户在选购产品的时候往往会拿别的产品进行质量比较。这时，销售人员不可强调竞品的不足，而扩大自己产品的优点，这等于说客户的说法是完全错误的，会让客户感到不舒服。你可以不谈竞品的优劣，也可以同意客户的某些观点，同时强调自己产品的特点和差别优势。在强调自己产品的优点时，只需强调你的产品比竞品强的某些特点即可。

(2) 向客户准确地证明产品质量问题

不要用一些含糊不清的词汇及数据来企图说服客户的质量异议，销售人员需要列出具体的数据，或者关于质量的权威检测报告，甚至还可以现场试验，这才能有效地打消客户的疑虑，让客户对产品的质量深信不疑。

(3) 强调客户购买后的利益

著名的推销专家海因兹·姆·戈德曼所说："推销就是要使客户深信，他购买你的产品会得到某些好处。"同样，从客户购买后的利益出发，强调客户得到的利益，也可打消客户的某些质量异议。

(4) 强调产品的实用性

把重点放在产品的使用价值上，让客户知道你的产品能够满足客户的哪些需求，而且这些需求是客户非常重视的，也是非常关键的，可以减轻客户心中对于质量异议的关注度。

3. 外观异议：实用性结合从众效应

"长得太丑了吧，怎么这么难看呢！"

"不好看，感觉太土！"

"看着怎么这么别扭呢！难道是我落伍了？"

……

没错，这一节我们要讨论的是客户提出的外观异议。对于一件产品，如果客户第一眼在外观上就不喜欢，那么，要说服其购买该产品通常会变得比较困难。尤其是在这个不断追求时尚的社会，商品的外观似乎对每个人都很重要。

客户的外观异议看似很难解决，但是，只要我们掌握方法，把握技巧，通常都会得到很好的处理。

因为经常讲课的原因，我比较注重个人形象，尤其是着装，这直接影响着我在学员面前的形象。所以，我对衣服的选择也比较重视。

记得有一次在上海讲课，晚上和我的助理到南京路去转，顺便买一套讲课时穿的衣服。那次和一家专卖店销售顾问的交流让我印象很深刻，至今我还能想起他当时给我说的那些话。

这是一家知名的服装专卖店，专做高端品牌。我和助理来到店里后，一位25岁左右的销售员接待了我们。我说明了我的要求后，他把我们带到一个衣架前，指着一套西服说："这件衣服我觉得最适合您讲课的时候用。"

我看了看这件衣服，觉得实在是不好看。上身整体是白色的，领子有几道黑色的边。裤子和西服一样，整体是白色的，但两裤腿的中缝各有一道黑边，很显眼。我不情愿地说："这哪是讲课时穿的衣服啊，太花哨了，太不正规了，明明是表演服嘛！不行，不好看。"

我的助理也摇摇头，觉得不太合适。可销售顾问只是微微一笑，并没有反对我和助理的看法，继续说道："您说得很对，如果是单纯地讲课，用这身衣服确实看着不太正规。如果中学老师穿这衣服讲课，肯定会影响到学生的心理。但我个人觉得，您的学员全是一些成年人，他们的审美观是比较前卫的，而且您在讲课的时候不光是讲内容，还需要带动现场气氛对不对。那么，您穿一件比较时尚而又不失大雅的衣服是非常有必要的。比如这件衣服，既不失您老师的身份，又有助于带动现场气氛，不是非常好吗?"

听了该销售顾问这么有理有据的分析，我原先的反感情绪似乎少了很多，觉得销售员说的也有道理。正在我左右为难的时候，该销售顾问接着说："您知道陈安之老师吧！"

我说："当然知道，他是我的导师啊！"

销售员说："您有没有注意，他平时讲课穿的衣服都非常新潮，而且和我给您推荐的这件衣服风格有点相似呢？”

我仔细一想，是啊，确实有点像，陈安之老师都这样做了，肯定是正确有作用的。随后，我二话没说，也没有和销售顾问讨价还价，当即买了这套衣服。

问题解析

案例中，该销售顾问之所以能够说服我，很好地抚平我的外观异议，主要有以下几个特点：

第一，从我的职业本质深度分析，阐述这件衣服对我讲课时的帮助及积极作用，这样便让我自行否定了之前对讲课有负面影响的想法。让我开始对是否购买犹豫，而不是否定。

第二，该销售人员用陈安之老师的着装与他推荐给我的衣服进行比较，利用我对陈安之老师的认同感，获得我对这件衣服的认同感。当然，结果他是对的，这种说服方法让我彻底认为这件衣服对我绝对是有用的，也使我下定决心，即使花再多的钱也要购买这件衣服。

显然，这个销售人员是优秀的，他处理客户异议的方法也是健全的。他不仅能够把握客户的心理，而且能够从客户最有需求的地方出发，深入引导。

深入解惑

针对客户提出的外观异议，解决的方法也许有很多，但我着重介绍以下两种最有效也最具代表性的方法，供大家在实战中参考：

(1) 实用性说服

有一种商品，外观不好看，但很实用，你会选择购买它吗？对于大多数人来说，我想他的回答是肯定的。因为很多情况下，你购买商品的主要目的是用，而不是看。当然，这个“实用”包含很多方面，比如案例中我买的那套衣服，因为它能够提升我讲课时的气氛，它是非常实用的，所以我会决定购买。

因此，销售员可以从实用性出发，来说服客户的外观异议。

(2) 从众效应引导

记得曾经有一段时间，刘德华穿了一件红西装，然后大江南北很多人开始穿红西装，满街都是。郭富城留了一个长发，于是，很多年轻人开始效仿，这便是从众效应。在充分了解了客户之后，利用客户的崇拜心理，告诉对方某某名人用过这类产品，该产品是今年最流行的产品，在某某电视台某某名人正在代言中，等等。这样可以改变客户对外观异议的观点。

4. 品牌异议：优势补足法

"没怎么听过这个牌子，不知道怎么样!"

"牌子不是很出名啊，我考虑考虑吧!"

"在哪产的，怎么没有听过这个牌子呢?"

……

我国有句古话叫："酒香不怕巷子深。"意思是说只要东西好，哪怕不宣传，没有牌子，抢购的人依然会很多。可是在今天，这种理论已经不适用了。即使你的东西很好，但是没有一个知名的品牌，客户也会怀疑你的产品是否真的好，公司是否有这个实力，售后服务是否会完善等。

当然，并不是所有的产品都有一个非常响的品牌，一些不知名的品牌同样需要销售员去销售，同样需要取得较好的业绩。而且，一些销售非知名品牌的销售员要比销售知名品牌的销售业绩好，收入多。当然，这与销售员的个人销售能力有关，但是对于非知名品牌的销售来说，处理客户的品牌异议，是其成功的因素之一。

销售员小王大学毕业已经有 2 年的时间，之前一直在某大城市知名汽车品牌 4S 店做销售工作。由于个人及家庭原因，这一年他不得不离开这座大城市，离开这份一直做得还可以的工作，回到自己的家乡——一个中等城市。

回到家乡后，他重新找了一份销售工作，不过这份销售工作与之前在大城市从事的销售工作的区别是：所销售产品的知名度相差很远。之前他所销售的产品是业界数一数二的龙头品牌，知名度很高。而目前所销售的产品尽管广告也做了不少，但是由于品牌历史、推广度等原因，在业界还不是很出名。对于小王来说，这也是没办法的事情，在本地能够找一份这样的工作也算不错了。

在销售目前这款产品的时候，经常会有客户向他提出品牌方面的异议，比如当他拜访客户的时候，客户总会抱怨道："这牌子都没听过，我考虑考虑再说吧。"这时的他也不知道怎么回复客户，客户之后当然也就没有了下文。

直到有一天，他将心中的困惑告诉了自己的主管，主管想了一会说："每个产品都有它的存在价值，每个产品都有它独有的优势，找到根本，终有办法解决。"

小王想了想："是啊，任何一个产品都有它独有的优势，用我们产品的优势去补充品牌劣势不就可以了吗!"

随后，他全面罗列出了自己销售产品的优势，然后找出一些独特的优势。每次遇到对品牌有异议的客户时，他便拿出这些独有的优势与客户沟通。果然，大多数客户都被他说服了。

问题解析

如案例中小王的主管所说，任何一件商品都有其独有的价值，都有它存在的意义。尽管有些商品的品牌知名度不是很高，但也许它在其他方面有特别的优势，比如物美价廉，这便是一个足够的购买理由。

因此，当客户提出品牌异议的时候，不妨找出你所销售产品的优势，用知名品牌不能满足的因素去说服这类客户。

当然，有些客户可能爱面子，或者用惯了奢侈品，非知名品牌不买，要说服这类客户不要对非知名品牌有异议可能会比较难。但是，就目前的消费者来说，这类客户毕竟还是少数，大多数客户都是比较理智的，我们有必要用优势不足法来抚平他们的异议。

深入解惑

用优势不足法处理客户的品牌异议时，有以下几点需要注意：

（1）坦诚接受

当客户提出品牌异议的时候，如果是事实，那么销售员应该坦诚接受，不要极力地否认已经存在的事实，这是不明智的举动，反而会加强客户的异议强度。

（2）客观分析

在坦诚接受了品牌差异后，客观地分析品牌差异的原因，然后找出你所销售产品的优势，不带任何感情色彩地向客户陈述，目的是引导客户在心理上先进行对比。

（3）如实对比

通过前面的分析，大多数客户已经在心里有了一个默默的对比，这时你需要明确地提出你们产品的优势，让客户有一个更清晰的概念，让客户看到你的产品与其他知名品牌相比存在很多优势，从而有效地补偿品牌的弱点。

5. 售后异议：举例说明让客户放心

“你这个产品用久了，我担心会对皮肤造成伤害或者不良反应。”

“听说你们公司售后服务态度很差啊，不会出现问题之后没人管吧！”

“我朋友买的你们这款车，上次坏在高速公路上，打救援电话没人接啊！”

……

这便是关于售后的异议，此类客户异议也是比较常见的。对于大多数客户来说，购买某产品并不是解一时的燃眉之急，而是准备要用好几年甚至几十年。任何产品在使用的过程中都会或大或小地出现一些问题，对有些产品来说还涉及后期的保养问题。那么，售后服务便成为客户所担心的问题。

也许是客户听到了关于该产品的售后负面消息，也许是客户为了更加确定购买产品后服务的完美性，客户总会提出一些关于售后的异议。对此，销售人员该如何解决呢？

有一次，我去商场逛，看到一个化妆品销售员向一位30岁左右的女性客户推销化妆品，觉得很有意思，所以驻足观看了整个过程。

销售员："美女您好，祛痘、抗老化的护肤品，来免费体验一下吧。"

美女客户看了看，走上前去做了一下体验。大约过了3分钟后，销售员说话了。

销售员："怎么样，感觉还不错吧，这是我们这里效果最好的护肤产品，抗皮肤老化效果非常好……"

美女客户："挺好的，我想回去感觉一下，看看皮肤有没有反应，好的话我会来的。"

销售员："我知道您非常爱护您的皮肤，担心我们的产品对您的皮肤有不良反应。但是您要知道，我比您更担心这个问题，所以，我在给您做护理的时候一直都很用心地观察您皮肤的反应。"

美女客户："因为经常听到护肤品对有些人会造成过敏，所以我还是担心出现不良反应。"

销售员："您相信我，我一定会像对自己的皮肤一样保护您的皮肤的，一般皮肤有反应会在半小时以内出现，如果真有什么不适，我会给您及时调整的，有任何的问题都交给我来处理，您的满意是我们最大的心愿。"

美女客户："那万一出现不良反应怎么办？"

销售员："放心吧，我对这款护肤品非常了解，就算有万一，我也会很好地为您调整处理的。您看，这些客户都是用过并且买过这款护肤品的，而且有的已经用了一个月了，没有任何问题。"销售员拿出一个销售记录给客户边看边说。

美女客户想了想，进行了现场试用，最后走的时候买了两盒。

问题解析

这个场景当时让我看得很过瘾，很庆幸能够在逛商场的时候看到这精彩的一幕。显然，这位销售员是成功的，面对美女客户的各种售后异议，该销售员都成功解决了。下面我们来分析总结该销售员的成功之处：

第一，站在客户的角度为客户分析产品的后期问题。把对方的皮肤看作自己的皮肤，然后进行保证性沟通，获得了客户的初步信任。

第二，告诉客户皮肤过敏反应的时间一般是半小时，并罗列出万一有反应时的处理方法。这让客户心里更加有底，再次获得了客户的信任。

第三，拿出已用客户的名单，用例子说明有客户已经用了一个月，而且没有任何不良反应，获得客户最后的信任。

深入解惑

以上案例是成功的，但只是解决售后异议的一部分方法，下面我将罗列出一些其他解决售后异议的方法，供大家参考：

(1) 微笑回应，忽视法

有些客户提出售后异议可能并不是一定让你给个说法，而是为了体现自己高人一等的看法，彰显自己的专业性，或者为接下来的价格谈判寻找筹码。对于这类客户，销售员不用放在心上、认真处理，只需淡化处之便可。比如：

客户：“你看人家宝马的售后服务，这国产车的售后不行啊！”

销售员微笑着说：“呵呵，这确实是。”

(2) 找到根本，询问法

对于客户含糊不清的售后问题，首先销售人员要问清楚客户具体对什么不满意，然后有针对性地进行回答。比如：

客户：“听说你们的售后服务不怎么周到啊！”

销售员：“不知道您说的是哪个环节呢？”

客户：“就是售后维修人员很不及时啊！”

……

(3) 先肯定，后转折

人都有这样一个特点，不管自己说的有没有道理，都不喜欢自己的意见被别人反驳。所以，对于客户的异议，销售人员可以采用先肯定客户说的是正确的，然后转折，提出自己的观点。常用的句式有：

“是的……如果……”

“是的……但是……”

(4) 直接否定，反驳法

这个方法在万不得已的情况是不可用的，因为直接反驳客户就等于要和客户进行争辩，最终不会有好的结果。

但是，当客户对你或公司的诚信，甚至是无中生有的售后服务问题产生怀疑的时候，你有必要直接反驳客户的观点。因为如果你不反驳，客户会因此不购买你的产品。

本章测试

看看这一章你学到了多少？

以下问题请用“是”或“否”回答。

1. 当你面对抱怨时，是否能够立即分辨出异议的真伪？(10 分)

2. 对于客户提出的产品价格异议，你是否确实相信你的价格并不是太高？(10 分)

3. 你是否清楚并且了解竞品的大部分信息，包括价格、质量、售后服务等？(10 分)

4. 你是否十分清楚你的产品售出后你仍需付出的全部费用？(10 分)

5. 你是否知道公司在营销推广方面所花的费用及其对准顾客的价值？(10 分)

6. 售后服务维修的服务费用是不是也包括在你的售价中？(5 分)

7. 对于竞品的优势，你是否擅长运用弥补策略进行处理？(10 分)

8. 如果客户觉得你的产品价格比自己心中的高出一点点，而犹豫不决，你是否能够很快发现？(5 分)

9. 如果客户觉得你在产品的某些方面欺骗他，而这却不是事实，你是否能坚持不让步？(5 分)

10. 对于有些客户提出的异议，如果你实在不能克服处理，你是否能立即与你的销售经理联系，以求解决或帮助？(10 分)

11. 你是否会把你自己的服务当成商品的一部分向客户推销?(5 分)

12. 你是否能够利用公司的声誉、产品知名度等无形价值，来处理客户的异议?(10 分)

结果评价：

如果你的回答是“是”，则得每道题后面的分数，如果你的回答是“否”，则得零分。最后将总分相加。

100 分：说明你处理客户异议的能力很好，可以说是一个专家，需要继续保持学习。

75 分～99 分：说明你处理客户异议的能力中上。

60 分～74 分：说明你处理客户异议的能力一般，对一些技巧要加以改进。

60 分以下：说明你处理客户异议的能力低下，需要对本章进行深入的学习。

第八章

成交有术——不可不知的销售秒杀术

销售的目的就是成交，可要把客户的钱放进你的口袋，确实需要一定的真功夫。经常看到那些优秀的销售员把话说出来，就可以把产品卖出去，把钱收进来。而为什么有些销售员付出了十倍、百倍的努力，却业绩平平、收入平平？现在就跟我一起学习成交的秘诀吧！

1. 读懂成交信号

在中国有这样一个成语叫“暗送秋波”，曾经被著名小品演员赵本山老师在他的作品中解释成“送秋天的菠菜”。当然，这是为了博观众一笑故意为之。原本的意思是说在两个男女之间，如果一方对另一方有意思，有好感，喜欢对方，通过肢体语言或者潜在的口头语言向对方表达自己的爱慕，意在告诉对方：“我喜欢你。”

我们来做一个假设，这时如果另一方也喜欢对方，但是他没有看懂对方的“秋波”，那么，就会让送“秋波”的一方产生误会，或者让一方的爱慕变成单相思，甚至最后错过这段姻缘，失去自己喜欢的人。其实，这种情景在电视上我们经常都会看到。

同样，做销售也是如此。在与客户沟通的过程中，如果客户表现出了成交的意愿，而销售员没有意识到这一点，没有发出成交邀请，仍然向客户热情澎湃地介绍产品，那么成交的机会就会错失。要么，成交将无限期地延长，要么客户离你而去。

我很喜欢梁山伯与祝英台的爱情故事，感动之余也为他们的措失良机而感到惋惜。在“十八相送”这个情节中，记得有这样一个对话，祝英台和梁山伯站在水井边，祝英台对梁山伯说：“水井里有一个女的啊！”而梁山伯却一本正经地说：“不是两个男的吗？怎么会有女的呢！”显然，这是祝英台向梁山伯暗送秋波，表达爱恋，而梁山伯却没有识别出这种信号，最后酿成千古悲剧。

为此，在销售活动中，销售员要善于捕捉客户的成交信号，否则将会错失成交良机，让单子流失。

我从小就比较喜欢看战争片，喜欢战场上战士那种勇往直前的精神，不怕流血流汗赢取胜利的气魄。在战争片中，我不仅学到了这些，还发现一个很有意思的事情。

在二战时期，战士们面对敌人的飞机，在打击它们的时候，通常都是高射炮和重型机关枪兼用。这是因为在射手们无法估算飞机速度、高度、风速的时候，需要用机关枪扫射，虽然这样的命中率很低，但是密集度高。反之，在射手们有较大把握的时候，才会用高射炮对飞机进行打击。也就是说，这是一个时机问题。

虽然我没有经历过战场，但是据我对当代武器的研究，在当代的战争中，如果战士要击落敌人的飞机，不会再需要重型机关枪了，只需要高射炮即可，因为在当代的炮弹上都有红外线探测装置，相当于一个跟踪系统。当炮弹发射出去之后，炮弹上的跟踪系统会根据飞机尾气喷出的热量指引炮弹进行跟踪，不管飞机如何飞，飞到哪里，它都会紧跟不舍，直到命中目标。

这便是用方法解决时机把握的问题。

问题解析

优秀的销售人员应该像当代的高射炮弹一样，能够迅速地辨出客户的成交信号，然后抓住时机，促成交易。如果你无法做到，那么你就会像二战时期的射手一样，总是没有办法抓住最好的时机，让客户白白流失。

有些销售人员在与客户沟通的过程中，要么会过早地提出成交邀请，给客户一些压力，将客户吓跑；要么过晚提出成交邀请，错失成交时机，让客户失去成交的兴趣；要么频繁地尝试成交行动，但由于成交的时机不对，被客户频繁拒绝。这些现象都是客户成交信号没有读懂的表现。

对于一个销售员来说，能够在第一时间读懂客户发出的成交信号，并在这个时候正确地进行方向性的引导，然后最终成交，是提升销售业绩的必杀技。否则，就会如梁山伯与祝英台一样，错失姻缘，成为遗憾。

前面我们讲了很多读懂客户成交信号的重要性，那么，什么是客户发出的成交信号呢？

所谓客户的成交信号，就是指客户想要成交，但是没有用语言直接清晰表达，而用其他方式表达出的一种信号，通常有：语言信号、行动信号和表情信号等。

比如在客户与你沟通的时候，客户问朋友购买该产品的价格，咨询付款方式，这些都是客户表现出的语言成交信号。再比如你向客户推荐衣服的时候，客户穿上衣服在试衣镜前笑得像花一样，非常满意，这便是一种表情成交信号。当然，有的客户会将一些成交信号结合在一起表现出来。关于成交信号的识别，我将在下一板块中做详细介绍。

深入解惑

读懂客户的成交信号不是天生的技巧，而是后期经过培训掌握的，只要从事过短期的销售工作，或者善于人际交往，就能够很快地把握。客户的成交信号具体涉及以下几个方面：

(1) 语言成交信号

①对产品提出意见

当客户对产品提出异议，或者进行品头论足时，说明客户有了购买的欲望，因为这种表现恰是在为自己争取利益。

②询问促销截止日期

客户通常都想买到物美价廉的商品，如果你告诉他正在做活动，那么，当他问活动截止日期时，说明客户对商品产生了兴趣，已经有了购买的打算。

③询问团购价格

这是客户探听商品最低价格的一种表现，当然也属于成交信号。

④询问产品保养、售后维修等事宜

这说明客户已经在心里把商品当作是自己的，在做进一步的打算，是客户认同商品的一种表现。

⑤询问货款支付方式

比如是否可以按揭，是否可以刷卡，是支付定金还是全款，等等。

(2) 动作成交信号

①由静变动

比如客户本来只是双手抱胸，听销售介绍，突然开始用手摸产品，或者行为动作变得积极，这说明客户已经有了购买意向。

②由紧张变放松

客户在谈判的时候往往都是比较紧张的，因为要争取更多的利益嘛。而一旦决定购买之后，全身就会放松下来。比如在你给出一些条件后，客户由原来前倾的坐姿变得向后仰，客户心想："也就这样了。"

③脚的变化

从一个人的微反应角度分析，当一个人的脚和身子倾向趋势相反时，说明这个人是在说谎。而在销售中，有客户说："你不给我便宜我可走了啊!"这时当他的上身已转身，而脚还依然冲着你的方向时，说明客户在心里还是想购买这件商品的。

(3) 表情成交信号

①眼睛变化

俗话说："眼睛是心灵的窗户。"注意观察客户的眼睛，你会发现很多玄机。比如，当客户的眼睛在产品上逗留的时间变长，并神采奕奕的时候，这表明客户对产品产生了兴趣。

②面部表情变化

客户的表情由冷漠、怀疑变得热情、亲切时，由严肃变得放松、友好时，说明客户已经初步或者完全认可了产品，这也是一种客户成交的信号。

2. 认清客户类型，有的放矢

在销售过程中，有些优秀的销售人员之所以会和客户良好地沟通，然后很快地成交，一个很重要的原因就是他们掌握了客户的心理，能够想客户之所想，做客户之想要。那么，他们为什么能够做到这一点呢？

答案很简单，他们掌握了客户的特点，知道了客户的利益需求。而这一切都是从认识客户类型开始的。如同一个医生给病人看病，他会通过望、闻、问、切，诊断出疾病的类型，摸清疾病的特性，然后对症下药，结果才能药到病除。做销售也是如此，在与客户沟通的过程中，通过语言、行为等因素摸清客户的类型，然后投其所好，快速出击，必能快速将其拿下。

小张是某汽车 4S 店的一名销售顾问，为人爽快、热情，在交际方面也很幽默，在工作上很积极，尤其在待客户的时候，任何客户他都会积极热情地与其沟通。

屈指一算，自己做销售工作也快一年了，业绩还不错。但细细回顾自己的销售路，总有一些事情让他想不明白。比如他在用同样的方法态度与客户沟通的时候，有些客户成交非常顺利，而和有些客户沟通总是会遇到一些麻烦，让他不知所措。他给我讲了这样一件事情。

有一天中午，他正在值班，同事们都吃饭去了，就他一个人。这时来了一位 40 岁左右的先生，这位先生表情一脸严肃。小张像往常一样，热情地上前与其打了招呼，而客户只是微微地点了点头，然后径直向展厅的汽车走去。

小张想，客户态度这样冷漠肯定是不利于沟通的，一定要想办法让其与自己交流起来才行。于是，他继续热情地向客户介绍他正在看的汽车。

小张说："先生您真有眼光，这是我们目前销量最好的一款车，尤其像您这样的成功人士购买得非常多。我觉得您很像一位古代的侠士……”

尽管小张说了很多，对客户进行了赞美，甚至运用了幽默来打开客户的心扉，但是客户还是依然没有多说一句话，只是简单地“嗯”、“啊！”应付着小张。最终，客户没有留下任何信息便离开了汽车店。

问题解析

小张告诉我，像这样的客户他以前也遇到过，但就是不明白为什么客户会有这样的表现，自己似乎运用什么样的沟通方法他都会离开。其实对于小张的困惑，解决的方法就是认清客户的类型。

案例中的客户属于理智型的客户，这种人的特点就是比较理智，做事有原则、有规律，不会因为溜须拍马、夸赞、幽默诱导等方式改变其原有的想法。对待这类客户最好的方法就是坦诚、直观，甚至迎合其严肃进行交流。而小张采用的是对待普通大众客户的沟通方法，恰恰与此相反，因此，最后会失败。

其实很多销售人员都会遇到像小张这样的情况，在与客户沟通的过程中，使出浑身解数，口干舌燥，最后依然无法攻破，甚至发现不是“真正客户”。因此，在拜访客户的过程中，销售员多留意、多发现和多分析，揣摩客户的心理，察言观色，迅速判断出客户的类型，这样可以最大限度地缩短成交周期。

深入解惑

上面我们讲到了客户类型，那么客户到底分几类？都有什么特点？销售员该如何应对呢？下面我们进行逐一分析：

(1) 理智型

如同以上案例中的客户，特点是：比较理智，做事有原则、有规律，不会因为溜须拍马、夸赞、幽默诱导等方式改变其原有的想法。最后选择是否购买，都会理智地考虑，客观地分析。

应对方式：前面我已经讲过，对待这类客户不要刻意地去溜须拍马、夸赞、幽默诱导等，最好的方法是坦诚、客观，甚至严肃地与其交流，对产品不要夸大其词，把产品的优势客观地展现给对方即可。

(2) 任务型

这类客户最显著的特点是不会有太多要求，也不会有太多的奢望，如同公司领导给这类人分一个任务，在完成任务的效果上，他只是保证比上不足比下有余即可。

应对方式：在服务上一定要周到，对于客户的要求，如果你能够做到，那么一定要给客户一颗坚定的定心丸，让客户即时对你感到满意，因为这类客户决定是否购买都是即时性的。

(3) 刁钻型

这类客户往往会提出一些无理的要求，而且在明知你办不到的情况下，还会要求你处理，甚至有时候会找一些无关的借口来干扰你的视线。总之，这类客户总是会找一些你意想不到的麻烦。

应对方式：和这类客户打交道一定要谨慎、仔细，不要让对方抓住你的错误。所有的操作程序一定要按照流程走，合同要规范。也就是说，你可以先小人后君子，否则，这单生意宁可不做。

(4) 领导型

这类客户不会被商品的某一方面优势所吸引，他们往往追求的是商品的综合性能，比如你的商品价格很低，但是质量、服务太差，他们也不会购买。他们在意的是关于商品所有因素的综合体。

应对方式：与这类客户沟通，要从产品的综合性能入手，除此之外，还可以列举出一些与你长期合作的著名大公司及大客户。双管齐下，获得客户信任感的同时，让客户认可你的产品。

(5) 没主见型

这类客户往往缺乏主见，判断能力较弱，不善于选择，甚至会有一些选择恐惧症，而且容易受到外界因素的干扰，比如随大流等。

应对方式：销售员应适当地给予客户建议，比如："根据您的自身情况，我觉得这款产品最适合您了。"或者进行适当的引导，比如："著名歌星某某用的就是这款产品，您用这一款一定合适。”销售员万不可介绍完产品之后把客户晾在一边，等他做选择。

(6) 猜疑型

经常对销售员的话存在怀疑，对于别人的建议也是半信半疑，比如当销售员介绍完产品优势后，他会问：“这是真的吗?”

应对方式：少说多做，对于这类客户不要说过多的话，意思表达清楚即可。然后用实际行动证明你说的全是正确的，比如拿出相关权威数据，或者现场进行试验，让客户亲身体验，等等。

(7) 争辩型

对销售员说的某些问题，总是喜欢争辩，总是一副不肯服输的样子，其目的是突出自己的地位。

应对方式：沟通中尽量用肯定的语气，尊重客户的意见与心态，客观地进行推荐。关键时候，可以拿出权威性的东西证明自己的说法。

3. 学会影响你的客户

如果我们系统地梳理整个销售过程，你会发现从你和客户联系的第一秒开始，到最后客户购买产品签订合同，你与客户沟通的每一个阶段都影响着客户的购买行为。

比如在与客户第一次见面打招呼的时候，回想一下你是怎么说的呢?“您好，我是……”还是“您好，欢迎光临……”我相信，大多数销售员都是这么说的。但是你有没有想过，当你说完这句话的时候，除了表示一种礼节性的问候外，客户会有什么感受或者想法呢?

当然，你向客户打招呼问候，客户必然是高兴的，这是客户最起码的感受，但除此之外呢？我相信很多人都没有深入研究过。下面我们先看这样几个例子：

有下面几个不同的场景，销售员对客户进行了这样的问候：

1. 临街有一个销售某品牌家电的店铺，小张是这家店铺的销售员。这天有一个 客户在店外驻足张望，这时，小张在门口使用邀请的手势对客户说：“您好，您可以进来随意看看。”

2. 十一国庆节到了，街上充满了节日的气息，处处洋溢着喜庆的氛围。这天，一个客户走进了小张的店，小张礼貌进说：“先生您好，节日快乐。”

3. 这天早上刚上班，小张正在打扫卫生，这时一个以前的老客户带着一个新客户走了进来。小张马上停了下来，热情地迎了上去，微笑着说：“李哥您好，好久不见您了啊，上次买的那台空调还好用吧……”

4. 一天，小张在送一位已经成交的客户出门时，发现客户手里拿着很多小东西，于是他主动说：“看您手里拿着这么多东西很不方便，我给您找一个袋子吧!”

5. 这天中午，有一位客户在一台冰箱前看了很长时间，这时小张走上前去对客户说：“先生您好，这是我们店的最新款，性价比很高。”

6. 炎热的夏天终于来了，这天下午快下班的时候，同时进来了5位客户，而这时只有小王一个人在。小王走上前去首先对走在前面的一位客户说：“先生您好，请随便看看。”然后向后面的几位客户点头微笑，示意欢迎。

问题解析

从案例中我们可以看到，尽管都是与客户打招呼，但是小王的语言方式是不一样的。试想一下，如果我们把小王所有这些打招呼的方式都换成：“您好，欢迎光临”或者“您好，我是……”站在客户的角度换位思考一下，会有怎样的感受呢?

显然，前者给客户的感受是温暖、贴心，而且还会被感动；而后者给客户的感受是机械、没有感情，甚至客户会觉得理所应当，这便是对客户不同的影响力。

很多销售员觉得不就是和客户打招呼嘛，对客户应该不会有什么影响。其实不然，从上面的例子我们可以看到，不同的打招呼方式会影响客户不同的心情。而客户的心情却与是否决定购买有关。

因此，我经常要求学员，在与客户打招呼的时候要生活化，没有陌生感，这样会快速消除彼此的距离感。当然，这只是销售中一个基本的沟通环节对客户心态的影响，其他几个环节同样也影响着客户最后的成交。

深入解惑

很多朋友和学生问我，你喜欢哪位男明星呢？我想了一下；在众多明星中我最崇拜的非刘德华莫属。首先，我觉得他是娱乐圈中一位最努力且德才兼备的艺人。在娱乐圈当中，能够做到像他一样坚持到底和默默贡献的艺人实在不多。其次，我看过华仔现场的演唱会，他现场的感染能力以及个人的魅力是足以让他的粉丝或者钢丝昏倒的，因为他对他人的影响力实在太大了。

其实，我们做销售也应该像华仔一样，学会去影响他人。

(1) 挖掘客户需求时

挖掘客户需求时要全方位去发觉对方的需求。特别是在打开话题时，要学会察言观色，找出合适的话题，把握住影响客户的任何一个机会。

比如当客户拿起某商品在身上比画时，你应该积极地对客户说：“先生，这里有镜子，你可以看下”，或是“先生，你可以试穿一下”。

(2) 做产品介绍时

介绍产品的语言、态度、语速等不同，对客户的影响也是不同的。介绍产品的过程中要力求简洁、通俗易懂。当客户有异议时，要专心聆听，并表现出非常认真重视的样子，让客户意识到你对他的特别重视。

(3) 送别客户时

在语言上你可以用“我们陆续会有新货上市，有空过来看看，您慢走”等适合当时状态环境的语言。在表情上要展露您美丽的笑容，尽量送顾客到门口。如果客户是开车来的，应该目送客户开车离开距自己 50 米左右。

4. 像相信自己一样相信自己的产品

在我的销售课程中，我一直在强调，销售过程就是一个说服客户的过程。销售员需要说服客户相信你的产品是最好的，你的产品能够为客户带来效益。而要说服客户，你首先要有说服客户百倍的信心。

信心从哪里来？当然主要来自于你所销售的产品，首先你要说服自己，让你对你所销售的产品信任，而且是百分之百的，不带任何折扣的。如果你对自己的产品产生一丁点儿的怀疑，或者是不信任。那么，你的信心就会受挫，你说服客户的能力就会大大降低。

因此，真心地相信自己的产品，对自己的产品充满信心，这样你才能有足够打动客户的能力。

有很多人问我："彭老师，你好像没有销售不出去的产品，这是为什么呢？难道你真的准备得那么充分吗？对销售技巧把握得真的那么准确吗？"

我说："不是的，我之所以能够将产品销售出去，并不完全因为我准备得多么充分，对销售把握得如何准确，最重要的原因是我相信我所销售的产品，我百分百地相信它能够为客户带来效益，所以我有理由将产品卖给客户。"

和大家分享一个很有意思的故事：

有一次上完课后，当我走出门口的时候，突然一个学员拦住了我。他说："彭老师，你刚才的课程讲得很好，但是我按照您说的去做了，为什么业绩还是上不去呢？还会遭到很多客户的拒绝呢？"

从这位学员的口气及表情，我听出他是在质问我，是对我教他的东西有质疑。

我说："你确定是按照我说的去做的？"

他说："彭老师，我经常听您的课程，也非常喜欢听您讲的内容，对您的课程我已经非常熟悉了，我确信是按照您说的去做的。"

我说："好吧，那你跟我来。"我带他重新来到了会场，让所有的助教都过来，听听这位学员的困惑，然后让他们找出这位学员的问题。并且，我让他们都站在讲台上沟通，而我则坐在讲台下的座位观看。

助教们有的问问题，有的出主意。总之，似乎关于提高销售业绩的问题该问的都问了，该出的主意都出了，而这位学员还是非常肯定地回答："你们说的这些我都做了，但确实没有什么效果啊。"

最后，我走上讲台，问该学员："你是卖什么产品的?"

学员说："汽车。"

我说:"很好，你觉得你的产品在同类产品中是不是最好的?"

学员说："不能说最好，感觉还差不多。我觉得某某品牌的汽车更好，性价比更高。"

我对助教们说："怎么样，你们找到原因所在了吗?"

助教们这时恍然大悟，问题不是这位学员了解的销售知识不够多，而是对自己所销售的产品缺乏信任感。一个销售员连自己所销售的产品都不信任，怎么能够让客户信任你的产品并使用它呢!

然后助教们开始告诉他为什么要相信自己的产品，相信自己产品的重要性，该学员也满意地点着头，承诺会按照老师讲的去做。

大约过了一个月后，我的助教给我说，他接到了那位学员的电话，他们公司总共有12个销售员，他的销售业绩已经由原来的第十上升到了第三，并说要拜我为师。我听到这个结果也很是欣慰，并嘱咐助教转达这位学员："拜我为师就算了，只要销售业绩提上去我就心满意足了。"

问题解析

不收该学员做徒弟并不是我摆架子，也并非我清高，而是我觉得既然问题解决了，业绩提上去了，有问题我还可以帮他解决。因为我对弟子的

要求都比较高，如果拜师担心会给他太多的压力，反而对他的进步有影响。

做销售并不是只要了解你的产品，熟悉掌握销售技巧就可以，你还需要相信你的产品，就像相信你自己以后一定能够成功一样。而且更为重要的是，百分百地相信自己并不是上嘴上说说而已，还需要付出行动。

深入解惑

有些朋友做了半年销售，就连自己朝夕相处的女朋友都不知道他是卖什么的。为什么？因为他不相信自己的产品，甚至感觉说出来丢人！

我在这里想问，有什么可怕的呢？有什么可丢人的呢？你做的是光明正大的工作，你销售的产品是帮客户解决问题的，而且一定是非常有效的。否则，别的销售员怎么会销售出去呢？怎么会有客户用呢？

销售员要始终记住，你销售产品是在帮助他人，是为别人提供机会，因为你会努力为他人提供最好的产品、最好的服务。

是否会经常听到客户这样拒绝你的说辞：

太贵了；

不好意思，没有时间啊；

不知道有没有用；

不需要；

资金不到位；

等等再说吧。

回想一下面对客户的这些拒绝说辞，你当时是怎么回答的，你心里是怎么想的呢，有没有想过："我的产品是最好的，它一定对您是有用的。"是否带着这种想法和客户继续沟通呢？

要摆平客户的任何拒绝说辞，最好的方法就是相信你自己产品的信心。也许你之前没有 这么想，也没有这么做，那么从今天开始，试着这样去想，这样去做，看看会有什么不一样的结果。

5. 给客户一个顺势的"台阶"

"最便宜198啦，再不买我也就没办法了！"

在你购买东西与销售员讨价还价时，谈到最后，销售员是不是经常这样对你说，表面看这是给你最低的价格，其实这是销售员给客户留在最后的“台阶”。当然，对于类似的台阶不仅仅是价格方面，还可以是售后、服务等方面。

这些台阶往往在销售中会起到意想不到的效果，比如当客户苦口婆心要求你降价的时候，而你始终坚持不降，然后等到最好的时机，顺势给客户降价，通常会让客户感到一种前所未有的成就感，从而坚定地与你成交。

因此，在与客户沟通的过程中，无论该客户是否有成交的希望，你都应该给客户留有成交的余地，给客户准备一个“台阶”。所谓“台阶”，就是退让的余地，任何交易的形成都要经过一番谈判或者讨价还价，几乎很少有销售员报一个价格，客户就满意购买的情况。当然，这里要排除一些富豪及各种“星”们。

既然如此，为了能够顺利地和客户达成交易，能够压倒性地说服客户，销售人员就需要在说服过程中留有一定余地，然后在适当的时候顺势抛出。

我有一个朋友刚开了一家公司，准备采购一批电脑，估计20台左右。那天我在科技市场买点东西，凑巧碰见了我这位朋友，于是就和他一起为他的公司选购电脑。

首先，我们走进了第一家店，这家店虽不是什么著名品牌，但听朋友说性价比挺高。接待我们的是一位看似20出头的年轻销售员。朋友向销售员说明了需求数量以及相关配置后，开始和该销售员讨价还价。

开始，该销售员给我们报价每台2000元，我们觉得价格太高，于是他马上给降到1900元。我们觉得还有降低的空间，于是继续和该销售员谈判，可是说了半个小时，该销售员还是一口咬定不降价。朋友想，不降价送点配件总行吧，可该销售员还是坚持原先的价格，任何东西也不送。朋友一气之下，离开了这家店。

于是我们来到了第二家店。在朋友提出同样的要求及配置后，该销售员给我们的报价也是2000元。在我们提出优惠时，销售员很无奈地表示：“您刚才说的第一家情况我知道，但我们的配件都是大厂的，这确实很让我为难，要不这样，我给您每台电脑赠送一个鼠标吧！”

可能朋友为了体现他的谈判能力，对销售员说：“这东西的成本价我们都知道，你看，再稍微降点我们就拿走了！”

听到这话，销售员表现很无奈地说：“那行吧，就当是交个朋友了，给你每台降70吧。”这时我这位朋友也无话可说，满意地成交了。

问题解析

我那位朋友为什么会选择在第二家店成交呢？难道在第二家店购买就一定比第一家店超值吗？

其实从总体价格来说，这两家店给出的价格都是一样的。下面我们来简单分析一下为什么朋友会离开第一家店，而选择第二家店。

在第一家店，当朋友提出优惠的时候，销售员马上进行了降价。其实这个价格朋友是可以接受的，但为了让自己心里更舒服，继续要求优惠，无果后希望销售员能够送东西。其实这时朋友是在寻求一个台阶，而销售员却没有给出这个台阶，因此，朋友只能选择离开。

第二家的销售员则不同，他首先抛出送配件来平衡客户的心态，然后在客户再三要求下，当客户提出稍微降点的时候，销售员顺势稍降价格，给客户一个“台阶”，从而促使与客户的成交。

这便是给客户“台阶”的技巧，该给客户台阶的时候一定要给，万不可吝啬；不该给的时候坚决不能给，因为你给了也不一定能够成交。

深入解惑

那么，销售人员如何才能够正确有效地运用“台阶”呢？有以下几点需要注意：

(1) 不要把成交余地一次性用完

给客户台阶，就需要保留一定的成交余地。有些销售人员为了快速地

达到成交，在客户提出优惠要求的时候，往往会把成交余地一次性用完。通常第一次优惠客户是很难满意的，所以当客户提出第二次优惠的时候，你已经没有了成交余地。如同案例中的第一家店的销售员，如果你不想做亏本生意，就只能眼睁睁地看着客户流失。

所以，在给客户优惠的时候，不要一次性就把你的成交余地用完，这样你就没有了给客户"台阶"的可能。

(2) 把握时机，给出"台阶"

客户台阶不能随便给，如我前面所讲，有时候你给了也是白给，有时候你给了却能够事半功倍。这便是时机的问题。把握时机，在客户最需要、最难为的时候给出"台阶"，不但能够顺利成交，而且有时候客户会对你感恩戴德。

(3) 保留"有效"的"台阶"

何为有效的台阶？就是你留给客户的台阶余地不要太多，太多了也许客户问完价格就离开了。当然，也不能太少，太少了没有力度，不能支撑客户的"脚步"。此外，你还要学会察言观色，当发现客户确实要离开时，留少量让步余地，给客户一个最大的优惠，然后就随他吧。

6. 欲擒故纵，套定客户这个猎物

很多客户都有这样一个心理：销售员越是积极地向其推销产品，越是把产品说得天花乱坠，客户的心里抵触情绪越强；而如果推销员半推半就，甚至声明此商品不能卖给客户的话，客户的兴趣反而越浓。

所谓"上赶的不是买卖"，讲的就是这个道理。谈过恋爱的男同志是否有过这样的感觉？对于投怀送抱的女人你是否往往没有多大的热情，而对于追了好久始终半推半就的女人，热情却异常的高？其实，这就是人的天性：得到的，现在拥有的，总是没有太大感觉；而对于失去的，没有得到的，总感觉是最好的。

为此，对于有些客户，我们需要使用欲擒故纵的策略。销售中所谓的"欲擒故纵"，是指要想促成和客户的交易，销售员可以故意放慢速度或先冷淡对方片刻，然后再激起对方的兴趣，从而促成销售的方法。

有一个学员是开服装店的，他曾经给我讲了一个他的销售手法，我觉得非常不错，现在拿出来与大家分享一下。

有一天，他正在店里整理刚进的货，这时进来了一位客户，拿起一件衣服问道："老板，这衣服卖多少钱？"

他说："180元。"

客户说："这么贵啊，100元卖不？"

他说："不好意思，这个真不能卖。"

客户说："我是真想买，你就给我便宜一点呗！"

他拿过客户手中的衣服，边准备挂起来，边微笑着说："最低150元，再低确实没法卖！"

客户有点着急地说："你先别挂起来，让我看看呗。"

他说："你不买，我不挂起来干啥呀！"

客户说："谁说我不买了，给你钱，150元。"就这样，他与客户顺利成交了。

再给大家讲一个我亲身经历过的事情。

我第二部车开了大概有5年之久，准备换一辆新车，但是我要把旧车卖了才行。对于我的这台旧车，虽然说开了有5年时间，但是性能、外观等各个方面还算不错，而且也是一个不错的品牌车，所以我心里能够接受的最低出售价格是15万元。

这天，我将车开到了一个专门收购二手车的市场。一个评估师过来，用了大概5分钟的时间将我的车观察了一遍，然后开始说车有这毛病、那缺点，什么这个车型现在基本上没人要啥的，简直说的就是一文不值。

听此，我感到非常恼火，二话没说就将车开离了他们店。

来到第二家二手车收购店，同样来了一位评估师，他大致看了一下说："车保养得不错啊！"

我说："我很少开，我又不抽烟，所以很干净。"

评估师说："难怪，这车5年了还保养得这么好，你一定是一个很讲究的人。"

听到这话，我心里很是痛快。最后，评估师和我讨价还价，以13万元的价格成交，虽然和我预想的相差了2万元，但我心里还是很高兴。

问题解析

分析以上两个案例，他们之所以能够成功成交，其实都是采用了欲擒故纵的策略。

第一个案例，销售员与客户讨价还价的过程中有这样一个行为语言：他拿过客户手中的衣服，边准备挂起来，边微笑着说："最低150元，再低确实没法卖！"销售员想表达的意思是：你说的这个价格我是不会卖给你的，最低150元，否则，我就放弃和你成交。而客户看到销售员的行为语言后，他会想：销售员都不主动说服我了，看来这是最低价了。于是，销售员的"纵"换得了最后的"擒"。

第二个案例，其实，如果在第一家我和他们讨价还价将车卖掉，和在第二家的价格是相差无几的。但是，第一位评估师的评价让我觉得很恼火，所以我没有给他们谈判的机会。站在销售员的角度分析，他们是想直接"擒"，但结果却无形中伤害了我，没有达成他们的目的。而第二个评估师一上来并没有表现出强烈的"擒"，而是"纵"，对我的车进行夸赞，这让我心里感到很舒服，对其产生了好感和信任感。为此，在价格谈判的过程中，作为客户来说，我也愿意与其成交。

两个故事，两个不同的角度。销售中"欲擒故纵"策略我们需要从多方面、多角度去考虑，反其道而行之，往往能够取得意想不到的效果。

深入解惑

在销售中，欲擒故纵策略可以从两个方面去讲：一个是谈判型，一个是刺激型。下面我们对这两方面进行详细的解读。

(1) 谈判型

现在很多客户都是砍价的高手，而且经常使用对半砍，之后见销售员

不肯让步就装出要走的样子。对此，很多销售员“头痛”不已。其实，对待这种客户欲擒故纵无疑是最好的一个方法。

比如，在客户给的价格确实太低时，你提出一个价格，然后做出要把东西收起来或者去忙别的事情的样子，从对客户的热情突然变得随意，这等于告诉客户：“这已经是最低价了。”即所谓的“纵”。当客户看到这种销售员的行为语言后，通常会认为这确实已经是最低价了，因为销售员对自己似乎已经放弃了。因此，如果客户确实喜欢该商品，必然会做出购买的决定。这便是“擒”。

(2) 刺激型

一位老板熟悉的客户来到一家玉器店，看着一个玉观音问老板：“这个观音多少钱啊？”

老板说：“这个很贵的，你应该不会买的。”

客户：“多少钱啊，我怎么不会买？”

最后，客户和老板顺利成交了。这便是刺激型的欲擒故纵，先拒绝客户，给客户心理刺激，激发客户的好奇心，然后与其谈判，通常会以较好的价格成交。

本章测试

看看这一章你学到了多少？

1. 客户成交的信号有哪些？
2. 客户的类型有哪些？
3. 不同的客户类型分别该如何去应对？
4. 影响客户的因素有哪些？
5. 影响客户的过程中应注意哪些要点？
6. 请列举相信自己产品的重要性。
7. 什么是“成交余地”？
8. 如何使用“成交余地”？
9. 给客户“台阶”需注意哪些细节？
10. “欲擒故纵”策略涉及哪两个主要方面？

◉后记◉

培养会销讲师的航母

这么多年，在我心中一直有一个秘密，这个秘密到目前为止，至少为我创造了 2000 万的收入。

第一次使用时，是 2006 年在陈安之老师的培训现场，通过此秘密销售掉 200 多套售价 1980 元的足浴盆。

第二次使用时，是替武汉的一家美容公司招商，通过此秘密讲了 3 个小时，成交 100 多万。

第三次使用时，是替宜昌的一个代理商讲酵素产品，现场到位 350 人，成功销售 180 万。

去年年底，我被邀请去会销行业顶级聚会——顶尖资讯——向 50 多位企业家分享此秘密一小时，成交 33 位，每人收费 9980 元。

前几天，替天津一家生产能量瓷厂家做销讲，到会 60 人，成交 30 套，每套售价 4680。

而现在，我要将此秘密分享给所有向往成功的人，它就在我的会销讲师训练营中，会销讲师训练营成立，旨在和大家一起分享我这个秘密。

会销讲师训练营简介

会销讲师训练营成立于 2012 年 11 月，截至目前已在上海、武汉、三亚、北京、沈阳等地召开了五届，受益学员达千余人。

会销讲师训练营，简单地说是一个培训班，但是不同于流行的口才训练，不同于一般的公开课，不同于常见的 PTT 班，不同于训练技巧那样

的花拳绣腿。

会销讲师训练营旨在帮助会销从业人员行销能力实现“倍增”，训练营通过我的言传身教、实战演练，让学员“实现一个升级的蜕变，华丽的转身”，最终实现学员收入翻倍、业绩翻倍的愿望。

在这里，你可以学到：

- 专业的讲课方法，少走弯路省很多自我摸索时间
- 直接得到导师的指导
- 结交高端人脉（人脉＝财脉）
- 学到快速提升个人魅力的方法
- 一对多批发式销售
- 快速提升综合能力
- 瞬间提升自信心和口才能力
- 学会说服力，人生更如意
- 学会打造自动化赚钱机器（如何建立讲师团）
- 学会销讲，销量跟着涨！
- 增强内心的能量
- 化解我们内在的恐惧
- 帮你打造个人品牌，出版畅销书！

当然学到的东西太多无法一一展示……

在这里，你可以得到：

好处一：可以帮助别人，非常有成就感！

好处二：您将有机会把过去的收入增加十倍以上（一般讲师一天的讲师费都10000元～50000元，平均一小时1500元～7000元）

好处三：时间可以主控（一个月只要工作几天就行了）

好处四：可以认识各种各样的人，认识成功人士

好处五：可以名利双收，拥有无限的人脉

好处六：实现个人快速发展，快速提升

好处七：提高知名度、美誉度、身价快速提升

好处八：成为有影响力的人，吸引人主动来认识您，通过系统化的训练，成为国内会销超级讲师。

学员见证：

袁玲玲老师：

我讲得强势，大家不喜欢。我讲得柔和，大家也不喜欢。经过与彭博会销训练营兄弟们的磨合，我找到了课程的核心，不单单是去讲PPT，当我把故事说出来大家都哭了，课后把我举起来，说：彭老师，我爱您！

保健品培训师王旭琴讲师：

有一次公司招待客户和潜在客户时，把我安排在最后一个演说。我完全按照彭博老师传授的方法，从课前的准备（热身、听自己喜欢的音乐等）、现场设备的测试，到演说前的自我激励、热身运动、现场冥想。我一登台，前面3分钟，下边的客户被震撼了，接下来效果很好，当晚成交了85万。公司老板和同事们喜出望外。

培训师廖海东：

我就想像彭老师那样有气场、有霸气，三天课下来，我真的做到了。特训营，真棒！彭老师真棒！伙伴们真棒！我最棒！

智能绩效管理专家张老师：

我跟彭博老师沟通如何做讲师，他没有直接教我如何演讲，而是引导我生发出课程，对于培养接班人或讲师来说，这种思路最值得学习。

彭博老师简介

★卓越团队训练专家

★顶尖销售实战训练师

★中国感恩励志公益演讲发起人

★中国会销说服力讲师训练营创始人

★中国著名健康教育专家

★最实战的会销培训导师！行销讲师培训第一任导师！

★国际自然疗法师中医手诊面诊专家

★中国会销101网创始人

★温馨房车租赁连锁有限公司行销总裁

★彭博汇俱乐部创办人

★本人的信念：状态决定一切！

演讲风格：美国式的互动教育、风趣幽默、和谐轻松、现身说法、亲身体验、现场示范等精彩内容。

出版作品：

《健康秘密》《点燃工作激情》《彭博五行养生 CD》

培训辅导过的部分企业：

湖北安琪集团、湖北宜昌金冠装饰有限公司、湖北宜化集团、广东佛山凌远科技有限公司、无限极日用品公司、武汉小蓝鲸餐饮管理有限公司、天年生物科技有限公司、湖南养天和健康药房连锁集团、南京中脉科技有限公司、武汉美恩莎建材装饰有限公司、威莎美容化妆品有限公司、上海银色世纪生物科技有限公司、山东仁大生物科技有限公司、湖北南辉北映广告策划有限公司、山东洪张国际健康管理集团公司、四川成都冠宇复合材料制品有限公司、湖南移动通讯公司、湖南联通通讯公司、湖南大润发超市等知名企业、成都康诚健康管理有限公司、珠海森泰科技有限公司、武汉名实药业有限公司、西安康美生物科技有限公司、安徽桑乐金股份有限公司、北京中科富康生物有限公司、北京老伴科技有限公司、天津天狮健康产业集团、三生健康产业有限公司、山东洪张健康管理集团公司、山东三株生物科技有限公司等国内著名企业。